JN228809

異質なモノをかけ合わせ、新たなビジネスを生み出す

編集思考

NewsPicks Studios CEO

佐々木紀彦

Norihiko Sasaki

異質なモノをかけ合わせ、新たなビジネスを生み出す

編集思考

NewsPicks Studios CEO

佐々木紀彦

Norihiko Sasaki

異質なモノをかけ合わせ、新たなビジネスを生み出す

編集思考

NewsPicks Studios CEO　佐々木紀彦　Norihiko Sasaki

はじめに――「編集」は、メディアの外でこそ活きる

私は過去17年にわたり、記者、経済メディアの編集者、プロデューサー、モデレーターとして、1万人以上の方々とお会いし、話を伺ってきました。メディア業界の枠を超え、多くの人と触れ合うほどに確信するのは、「編集という技術はメディア業界の外でこそ輝きを発揮する。すべてのビジネスパーソンが編集を身につければ、日本はもっとおもしろくなる」ということです。

「編集」とは、私なりに整理すれば、「セレクト（選ぶ）」「コネクト（つなげる）」「プロモート（届ける）」「エンゲージ（深める）」の4つのステップによって、ヒト・モノ・コトの価値を高める行為です。編集者は英語でeditor。その語源はex（外に）＋dare（与える）をつなげたラテン語「edere（生み出す）」にあります。つまりは、「外に出す」「生み出す」という意味です。編集とは、ヒトやモノやコトのいいところを「外に出」して、何かとつなげて、新しい価値を「生み出す」手法なのです。

そう考えると、編集とは編集者だけが用いる特殊技術ではないことがわかります。編集とは、あらゆる企業がイノベーションを起こし、新規事業を開発するための技術であり、あらゆる人々が自分らしいキャリアや人生を紡ぎ出すための道具なのです（そもそもイノベーションが日本語で「新結合」と呼ばれることからも、編集とイノベーションの相性のよさがうかがえます）。

私がこの本で言いたいことは、たった1つ。編集者的な思考法、いわば「編集思考」こそが、日本と日本人の未来を創るということです。編集思考を、仕事、人生、教育、経営、政治、外交などに応用することによって、日本と日本人の持つポテンシャルは一気に花開くと信じています。日本は編集する素材の宝庫です。街を歩いていても、誰かと酒を飲んでいても、「これとあれを組み合わせたら、おもしろい化学反応が起きそう」という「新結合」のアイデアがひっきりなしに湧いてきます。いい素材がありすぎて、体と頭がいくらあっても追いつかないくらいです。

編集思考を身につけ、「思考の檻」から脱出しよう

しかし、これだけ編集する素材にあふれ、経済的にも豊かな国でありながら、多くの日本人は今、人生にぼんやりとした不安を抱えています。

なぜ多くの人たちが、閉塞感を抱いているのでしょうか。希望を見つけられないのでしょうか。

それは、「思考の檻《おり》」にとらわれているからだと思います。親や会社や友人や世間が敷いたレールに縛られすぎて、自分の頭と心が自由に動かない。「こうあらねばならない」という固定観念が「思考停止」と「感情停止」と「行動停止」を併発してしまっているのです。

その「思考の檻」とは、端的に言うと、近代的な価値観です。

大量生産・大量消費を是として、人を画一的な枠に押し込め、人間と社会の画一化を図る。この高度経済成長期には機能したシステムが、今なお日本を覆い尽くしています。それこそが、平成の日本が停滞した最大の理由でしょう。私は、人生におけるもっとも大切な価値観は「自由」と「創造性」だと思っているのですが、その双方が圧殺されてしまっています。

多くの方は、中学・高校時代に校則が厳しくて息苦しい思いをしたことがあるのではないでしょうか（私は宿題を忘れてよく正座させられました）。今の日本は、その状態が大人になってもずっと続いているようなものです。

私の目には、男性のスーツが学ランに、首からぶら下げた社員証が名札に、会社の管理部門が生活指導の先生に、上司がクラスや部活の先生に、高層ビルの無機質なオフィスが学校に、満員電車がすし詰めのスクールバスに、粗さがしをするメディアが風紀委員のように見えてなりません。

どうしたら、この閉塞感を破れるのだろうか、日本をより自由で創造性に満ちた社会にできるだろうか――そう悩み続けて行きついたのが。「編集思考」でした。

今の日本は、思考の檻にとらわれ、企業も政府も「縦割り」がはびこり、自由度がなくなってしまっています。

だからこそ、編集により既存の価値観を一旦ときほぐし、「横串」を通す必要があるのです。

「正解」が失われた人生を再編集する

編集思考は、個人にとっても、自分らしいキャリアや人生を創り上げるための頼もしい味方になります。

そのためにも、まずは近代的価値観の象徴である「サラリーマン」という枠組みを疑わないといけません。有名企業に就職し、会社に奉公し、給料をもらい、住宅ローンで郊外に家を買い、満員電車で会社に通い、子どもを私立に行かせ、定年までできるだけ大きな失敗をしないようにまじめに勤め上げる——こうした「理想のサラリーマンモデル」はとうの昔に賞味期限が切れています。

これからの世界では、生き方やキャリアに〝唯一の正解〟や〝みなが憧れる花形〟はありません。価値観や正解がどんどん多様化し、自分に合った仕事や人生を各々がカスタマイズしていかなければならなくなるのです。

戦後の日本のビジネスパーソン（主に男性）にとって、会社こそが社会でした。会社で仕事も友人関係も趣味も、伴侶探しまでもがほぼすべて完結していました。会社は世界のほぼすべて、いわば〝小さな国家〟だったのです。しかし今後、会社はオープン化していきます。会社が社員を縛り付けることはできなくなりますし、会社としても社員の面倒を見続ける余裕はなくなります。

普段の仕事でも、会社の枠を超えたメンバーで取り組むプロジェクトがますます増えていくでしょう。オフィスにみなが集まる時間は減り、コワーキングスペースや自宅で働く時間が増えていくはずです。各人にとって、会社は依然大事な存在の1つではあり続けるものの、あくまでワン・ノブ・ゼムにすぎなくなります。

それゆえに、自分という存在を素材として客観視し、強みを「選び」、そのときどきで自分に合った会社やコミュニティと「つながり」、自分という存在を「届け」て、関係性を「深める」。そんな仕事や居場所やキャリア、つまりは「人生の編集」が、これからより大切になっていくはずです。兼職や副業をする人もいれば、NPOや地域の団体で活躍する人もいれば、子どもの学校でPTAなどの活動をする人もいれば、趣味に打ち込む人もいる。いろんな生き方が可能になります。その自由度の高さは編集思考に秀でた人にとっては福音であり、そうでない人にとっては悪夢です。

多様であるとは、自由であるとともに、面倒くさいことです。自分で決めることが増えるということです。これまでは目標が降ってきたのに、これからは自分で目標を決めないといけなくなる。多様性はバラ色ではないのです。

定年を迎えたサラリーマンが何をしていいかわからなくなって暇人と化す。受験や就職に失敗した若者が絶望してニートになる――自分で目標を設定できないと、近代的な従来のゲームで挫折したときに、心が折れてしまいます。
しかし、編集思考を鍛えれば、「多様化恐るるに足らず」です。多様な材料の中から、多様なつながりを生み、多様なおもしろさを編み出す。編集思考とは、ポスト近代の多様化時代を、楽しく生きるためのキラーアプリなのです。

私は、東洋経済新報社に入社して以来、東洋経済オンライン編集長やニューズピックス編集長を歴任し、今は映像コンテンツの企画・プロデュース集団であるニューズピックススタジオのCEOと、ニューズピックスの新規事業担当取締役を務めています。すなわち、一貫してコンテンツと事業を「編む」仕事をしているわけですが、ずっと飽きずに働けているのは、「編集」がそれだけダイナミックでおもしろい仕事だからです。

この本には、私が17年間の編集者人生で学んだ「仕事や人生や事業を楽しく編集するためのヒント」を惜しみなく詰め込みました。
本書を通じて編集思考を実践する方が増え、1つでも多くの希望が新しい時代に生まれれば、それに優る喜びはありません。閉塞感あふれる縦割り社会に横串を通して、あなたの人生と日本をもっとおもしろくしていきましょう。

編集思考―目次

第1章 ——「縦割り」の時代から「横串」の時代へ

なぜ今、編集思考なのか

日本社会が繰り返す負けパターン

なぜ「編集思考」が今の日本に必要なのか。そのわけを理解するには、まず歴史を踏まえながら日本を眺める必要があります。

日本の組織には負けパターンがあります。それは、「縦割り病」です。「横串」がうまい創業リーダーが去るやいなや、「縦割り」の官僚が跋扈《ばっこ》し、自滅してしまうのです。

ここでいう「縦割り」とは、一言で言えば組織の官僚化、つまり組織本来の目的を見失い、全体よりも自己の利益を優先してしまうことです。「横串」とは逆に、本来の目的の達成のために、今ある形にとらわれずゼロベースで必要なものをつなげ直すことを指します。

創業当初は、大局観のあるリーダーがみなを引っ張り、各人が誇りと緊張感を持って、自らのやるべきことをやる。みなが一体感を持って、自分を超えた何かのために汗を流す。それが巡り巡って自分のためにもなり、みながハッピーになる。

しかし、創業期のリーダーが組織から退くと、「縦割り」型の官僚タイプがのさばり、視野狭窄に陥る。自分の部署の業績、自分の出世、自分の好き嫌いにのめり込んでしまう。しかも、本人には悪気がないだけに手の施しようがない。こうした無数の「縦割り」の中で、全体を考える人や機能が衰え、「個々はまじめにやっているのに、全体としては支離滅裂」になってしまう。その後組織が競争に敗れ、焼け野原となった跡に、また新たなリーダーが生まれてくる、その繰り返しです。編集思考はこの「縦割り病」に対する特効薬なのです。

近代日本の歴史は、「縦割り病」の典型と言えます。

まず、明治維新です。積年の恨みを超えて、薩長が手を結ぶ。日本全体のことを考え、無血開城によって政権交代を実現したのは快挙でした。何より、国家の利益に反するとあらば、維新の英雄である西郷隆盛すら切り捨てる。まったく私情に流されません。

1904年に始まった日露戦争では、陸海軍、藩閥の枠を超えて一致団結。世界最強のコサック騎兵とバルチック艦隊を撃破し、日本を勝利に導きました。

我欲を捨てて、天命に命を燃やす。その精神が骨の髄まで染み込んだ人々が、日本を率いていたのです。

しかし、栄光は続きません。伊《い》藤博文《とうひろぶみ》、山縣有朋《やまがたありとも》といった明治の元勲が鬼籍に入り、原敬のようなジェネラリスト型のリーダーが暗殺により倒れると、大所高所から俯瞰して、複雑な「連立方程式」を解けるリーダーがいなくなります。

1945年の敗戦を迎えるときには、日本の人材は払底していました。正確には、適切な人材が、適切な地位に就くシステムが壊れてしまっていました。東条英機《とうじょうひでき》と近衛《このえ》文麿《ふみまろ》はその象徴です。東条は、学校の成績は優秀で事務処理能力も高く、上司には従順で、部下の面倒見はよい。その一方で、大局観はなく、些事に拘泥し、精神論に傾く。平時ならまだしも、有事にはもっとも害悪となるタイプです。

近衛文麿に至っては、占領軍の一員でカナダの外交官だったハーバート・ノーマンに一刀両断されています。

「淫蕩なくせに陰気くさく、人民を恐れ軽蔑さえしながら世間からやんやの喝采を浴びることをむやみに欲しがる近衛は、病的に自己中心で虚栄心が強い。かれが一貫して仕えてきた大義は己れ自身の野心にほかならない」[1]

大局観を持たず自分優先の判断しかできないリーダーのもと、日本は文字通り焼け野原となってしまいました（一度目の横串→縦割り）。

しかし、そこからまた、新たな希望が生まれます。その筆頭が、敗戦の翌年に生まれた、ソニーです。1946年5月7日、日本橋・白木屋の3階に会社を開いた井深大（当時38歳）は、盛田昭夫（当時25歳）など20人の仲間を、こんなスピーチで鼓舞しました。

「大きな会社がこれから復活してくる。これと同じことをやったのでは勝ち目はない。技術の隙間はいくらでもある。われわれは大会社ではできないことをやり、技術の力でもって祖国復興に役立とう」

井深、盛田の側近として27年間仕えた埣野《たおの》堯《たかし》は『ソニーはどうして成功したか』の中で、井深の〝人を愛する心〟と盛田の〝日本を愛する心〟が戦後の復興という意識で一致したところに、2人の大義名分が生まれたと記しています。[2] 井深自身、「ベンチャーを目指す企業には技術や資金よりも思想が必要だ」と喝破しています。[3] 2人とも自分を超えた大義や思想に生きるリーダーだったのです。

この後、ソニーに続き同年に設立されたホンダなど、日本の企業が次々に世界へ飛び出していきます。

しかし、日本流の失敗パターンにはまるのは企業も同じでした。

ソニーにしろ、ホンダにしろ、パナソニックにしろ、井深、盛田、本田宗一郎、松下幸之助といった創業リーダーを失ってからは、縦割りが跋扈する普通の会社となり、尖ったサービスやプロダクトが生まれなくなりました（二度目の横串→縦割り）。

もちろん、「昔は世の中がまだ複雑ではなかったため、団結しやすかったし、視野の広いリーダーが生まれやすかったのではないか。複雑化した今の時代に、昔の話を持ち出すのは意味がないのではないか」という反論もあるかと思います。

それも一理ありますが、世界を見渡せば、現代でも、高い専門性と広い視野を兼備したリーダーはゴロゴロいます。ビル・ゲイツは最たるものでしょう。大学でコンピューターサイエンスを学び、その後、経営者として世界一の企業を築き、今はフィランソロピー（企業による社会貢献）の第一人者として、マラリア撲滅など世界のために奮闘しています。大のつく読書家で、構想力と行動力を備えたゲイツは、理想的なリーダーの一類型です。意識と環境とシステムさえあれば、今なおスケールの大きいリーダーは生まれうるのです。

二度目の縦割りを打破するために日本に必要なもの。それは官僚化した組織に横串で新たな風を通す新時代のリーダーです。

生まれてから死ぬまでずっと縦割り

現代日本の「縦割り病」を打破するには、この時代の日本の組織が無自覚に「縦割り」に陥ってしまうメカニズムをまず認識しないといけません。

原因は、大きく3つあります。


1つ目は、人材の多様性の乏しさです。

その根源は、偏差値別、男女別、地域別に分かれすぎた教育システムにあります。とくに東京圏で暮らすと、「進学校の縦割りネットワーク」に陥りやすいのです。

私は福岡県北九州市の出身なのですが、大学時代に東京に移ってきて驚いたのは、進学校の男子校、女子校の多さでした。「麻布だ、開成だ、筑駒だ、桜蔭だ、女子学院だ、雙葉だ」と、中高時代について話す人が異様に多く、話題についていけなくて戸惑いました。

進学校出身者は頭のいい切れ者が多いのですが、どうも価値観の幅が狭い印象を受けます。最近は受験競争が過熱し、幼稚園からフィルタリングがスタートしているのもその一因でしょう。

男子校出身者の場合、男くさいカルチャーの人が大半です。それはそれで楽しい人もいるのかもしれませんが、異質なものを取り入れにくいので、どうしても発想が偏ってしまいます（私は男女共学の県立高校出身ですが、高校1年時に、運悪く男子のみのクラスに入れられました。その1年は、人生でいちばんの暗黒時代でした）。

地方では別の意味の「縦割り」があります。代わり映えしない人間関係がずっと続くため刺激が少ないのです。その上、小さい頃の序列が大学、社会人と一生持ち越されるため、周りの目を気にして、新しいチャレンジを仕掛けにくいところがあります。

昔は、地方の共学の公立高校で育って東京に進出する男女がたくさんいました。しかし今は、早稲田も慶應も学生の7割が1都3県の出身者という「関東ローカル」の大学になっています。

さらに卒業後には、みな同じような大企業や官公庁に就職したり、医者、弁護士、会計士などの士業に就いたりします。つまり、人生や人脈がリセットされるタイミングがありません。

2つ目の縦割りの原因は、大学教育のあり方です。

「日本の大学教育の最大の問題点は何ですか？」と聞くと、「学生が勉強しない」「留学生が少ない」「語学教育が弱い」などいろんな意見が出てきますが、問題意識が鋭い人ほど、「ダブルメジャーが許されていないこと」と答えます。「経済学部を受験すると、大学では経済学部にしか通えない」というふうに、複数の専攻（メジャー）を選べないことが最大の問題なのだと。

ハーバード、スタンフォードなど米国の大学では、ダブルメジャーは当たり前です。むしろ、奨励されています。

たとえば、ハーバードでは50の学部があり、3700のコースが準備されています。その多くは、領域横断的なコースです。しかも教養課程そのものが充実しており、自然科学、社会科学、人文科学を横断した教養を積めるカリキュラムになっています。詳しくは26、27ページの図表1－1、1－2と拙著『米国製エリートは本当にすごいのか？』『日本3・0』に記していますが、知的筋力を鍛える最強のプログラムが用意されているのです。

今の日本の大学でも、やろうと思えば、ダブルメジャー解禁は可能です。にもかかわらず、ダブルメジャーがいっこうに普及しないのは、学部ごとの縦割りを打ち破るのが政治的に大変だったり、先生や事務局の手間が増えたりするからだそうです。そうしたハードルを越えてでも、日本の未来のために、ダブルメジャーに踏み切る大学が増えてほしい。ダブルメジャーはきっと、今後優秀な学生を引き付ける切り札にもなるはずです。

「縦割り」をもたらす3つ目の理由は、日本型企業のカルチャーです。

そもそも、日本の組織は縦割りになりやすいですが、戦後は、終身雇用、年功序列、企業別労働組合の3点セットにより、その病がさらに重くなりました。

終身雇用で会社を辞める人が少ない上、年功により序列はガチガチ。しかも欧米は職種別の「ヨコ」の組合であるのに対して、日本は会社別の「タテ」の組合です。こうして閉鎖的なタテ社会が強化されていったのです。

1967年に刊行された日本文化論の名著『タテ社会の人間関係』の中で、中根千枝は日本型組

図表1-1｜ハーバード大学の専攻一覧

アフリカ／アフリカン・アメリカン	音楽	電子工学
考古学	近東語・文明	工学
古典	哲学	発生再生生物学
比較文学	心理学	進化生物学
東アジア	比較宗教学	統合生物学
経済学	ロマンス語・文学	数学
英語	スラブ語・文学	機械工学
環境政策学	社会調査	分子生物学
神話学	応用数学	神経生物学
ドイツ語・ドイツ文学	天体物理学	物理学
政治学	生体工学	統計学
歴史	化学生物学・物理生物学	視覚環境学
歴史・文学	化学	社会学
歴史・科学	化学・物理	南アジア
美術史・建築史	コンピューターサイエンス	映画、ダンス、メディア
言語学	地球惑星科学	ジェンダー学

出所｜ハーバード大学

図表1-2｜ハーバード大学の新しい一般教養プログラム

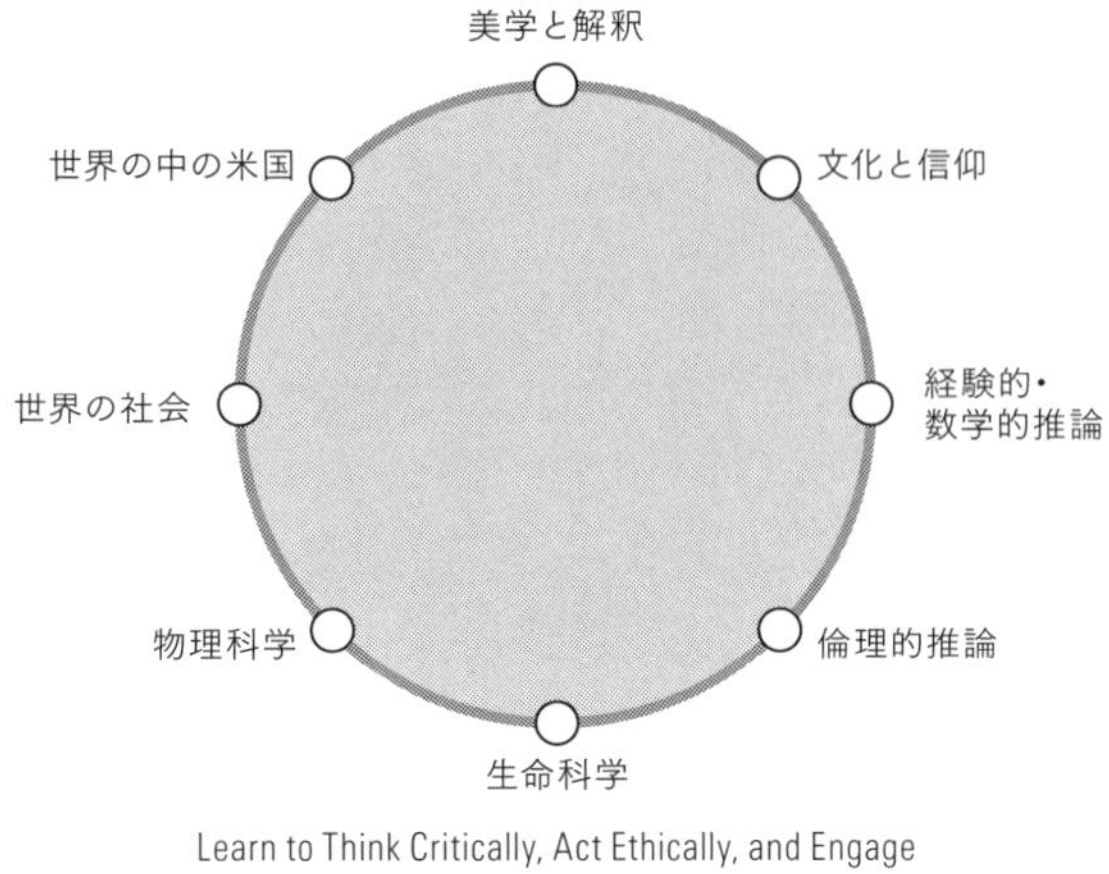

出所｜ハーバード大学

織の特徴をこう記しています。

「ウチ、ヨソの意識が強く、この感覚が先鋭化してくると、まるでウチの者以外は人間ではなくなってしまうと思われるほどの極端な人間関係のコントラストが、同じ社会にみられるようになる」[4]

これは企業にも言えることですし、企業内の部署にも言えることです。こうした文化の中では、部門外の人や、社外の人と付き合おうという意欲が生まれにくく、社交の技術もなかなか発展しません。その結果、他流試合の楽しさや厳しさを経験せずに一生を終える人材を大量に生産してしまう、と中根は嘆いています。

とくに日本の大企業の人たちは、社外の社交が苦手です。

私が所属するニューズピックスでは、毎週のように読者向けイベントを主催しているのですが、懇親会の際に、手持ち無沙汰で戸惑っている人は大企業の男性が多い印象です。講演者との名刺交換にはズラッと並ぶのですが、他の企業の人にカジュアルに話しかけたりすることがなかなかできません。

であれば、社内の社交はやりやすいかといえばそうでもありません。日本型企業は、企業内の部署間の壁も高く、横串をつなぎにくい。社内で編集思考を駆使しようとしても、よっぽど偉くならない限り（トップやトップに近い実力者にならない限り）、各部門をつなげにくいのです。

中根はこう書きます。

「集団における既成の組織力が驚くほど強く、一旦でき上っている組織の変更は、集団の崩壊なしにはほとんど不可能である。そして集団成員の行動力は、完全に既成組織を前提としていることを忘れてはならない。したがって、このメカニズムでは、事実上、その集団の存続を前提とすれば、頂点にいない限り、個人はリーダーになりえないということになる。

個人プレーが圧倒的にものをいう、きわめて限られた分野以外では、どんなに個人が能力をもっていても、頂点にいない限り、名実ともに輝かしい活躍をすることはできない。能力のすぐれた若者・中年者にとって、まことに遺憾なメカニズムである」[5]

この中根の分析を聞くにつれ、大企業で若者がくすぶってしまうのは、もはや日本型組織の宿痾《しゅくあ》ではないかと感じてしまいます。近年、優秀な若手が有名企業を辞める例が増えていますが、この日本型組織の病巣にメスを入れない限り、社外に飛び出して、起業したり、スタートアップに転職したりする若者は増えるばかりでしょう。

ここまで見たとおり、日本人は、下手をすると生まれてから死ぬまで縦割りの世界で暮らせてしまいます。画一的な大量生産・大量消費の時代はよかったですが、今のように多様な価値が求められる時代には、その弊害が強く出て、閉塞感の原因となってしまっています。だからこそ、横串で物事をつなぐ「編集思考」を備えた個人が渇望されているのです。

落合陽一はなぜ貴重なのか

今の日本で、「編集思考」をもっとも実践している人は誰でしょうか？　そう質問されたら、私は「落合陽一さん」と答えます。

落合さんは、私がここ2年でもっとも影響を受けた人物です。

2017年の春に編集者として初めてインタビューした際「この人はこれからの時代を創っていく人だ」と直観しました。それ以来、落合さんをホストとしたニューズピックスの番組「WEEKLY OCHIAI」の配信、落合さん著『日本再興戦略』の刊行など、数多くの仕事をご一緒しました（落合さんも私も、プライベートでべたべたと付き合うタイプではないため、仕事以外で会ったのは1回だけです）。

落合さんは、「つなげる」こと、かけ合わせることの名手です。

1つは「経済×テクノロジー×文化」のかけ算です。

あるときは筑波大学の研究者として学生を育てながらテクノロジーを深掘りし、あるときはスタートアップ企業の経営者として会社を切り盛りし、あるときはメディアアーティストとして創作に打ち込む。彼は、経営者と研究者とアーティストという3つの顔を持っています。

彼の得意なもう1つのかけ算は、「東洋×西洋」です。

東洋思想を言葉と身体で会得している彼は、安易な西洋万歳に陥ることなく、「東洋×西洋」のかけ合わせから言葉や作品を紡ぎ出します。西洋の核心を知った上で（彼は望めばいつでも海外の第一線で働けます）、日本らしいビジョンを描ける。31歳にして私利私欲を超越していて、まるで浮き世ばなれした「モダンな仙人」みたいなのです。

大半の人が「経済」「テクノロジー」「文化」、あるいは「東洋」「西洋」のどれかに偏って、ゆがんだ未来を描くのに対して、彼はすべてのファクターを高次に編集しながら、頭だけでなく、身体を使って未来を表現しようとしています。

落合さんの例を出すと、「彼は天才であって、自分とはかけ離れた人。参考になりませんよ」と言う人も多いですが、それはあまりにもったいない考え方です。落合さん自身も「自分は天才ではない」と言っていますし、実はとてつもない努力の人です。落合さんに学ぶことで、落合さん的なものを自分の中に取り込むことは決して不可能ではありません（私自身も、2年間、落合さんに触れ続けたことで、自らの編集思考を進化させることができました）。

1つのヒントは、落合さんの学び遍歴にあります。

落合さんは幼児期に、幅広く個別教育を受けています。幼稚園に通う傍ら、月曜日はピアノの先生が来て、火曜日は東大の院生から算数を教わり、水曜日は公文式の先生が来て、木曜日は画家が来てくれるという生活。いわば、現代流の貴族教育です。集団教育で世の中の常識も知りつつ、各分野のスペシャリストとともに個別のスキルを育み、五感を刺激してセンスを磨く。そんな絶妙なバランスの教育を受けてきたのです。

その後、高校からは名門の開成高校に通っていますが、大学受験では東大に受かりませんでした（受験勉強の力と、編集思考の力は必ずしも比例しません）。結果、筑波大学の情報学群情報メディア創成学類に進学。そこで、大量の本を読み漁ったり、出版社でインターンをしたり、動画編集を習ったり、中学生に映画製作を教えたり、コードを書いたり、半田付けをしたり、ＩｏＴを研究したり。大学4年時には、天才プログラマー／スーパークリエータ認定をもらっています。

アートからプログラミングから工学まで、その文理を横断する活動領域の広さには驚かされますが、先ほど述べたように、ダブルメジャーが当たり前の米国の大学では、落合さんみたいな人はそれほど珍しくないのです。

その後、落合さんは東大の学際情報学府で博士号を取得し、シアトルのマイクロソフト・リサーチで働きました。文理の枠、国境の枠、東洋と西洋の枠、テクノロジーとアートの枠、それらを軽やかに飛び越えながら、根無し草にならず、落合陽一という強烈なアイデンティティーを持っている。そこが彼の傑物たるゆえんです。

こうした落合さんの学び方は、子どもを育てる上でも、大人が学ぶ上でも示唆にあふれています。「若いときに学ばなかったら、完全に手遅れ」という声は根強いですが、決してそんなことはありません。むしろ「大人になったら手遅れ」という考えこそ日本的なものでしょう。

日本では大学といえば若者だけが通うイメージですが、先進国の多くでは、大人が大学に通うのは珍しくありません。それに今は、大学でなくとも学びの場はいくらでも開かれています。落合さんには誰もなれませんが、自らの専門にとらわれず多様な学びを得ること自体は、誰にでもできるのです。

「経済×テクノロジー×文化」を越境する人材になれ

シリコンバレーは文化的につまらない

落合さんのように「経済×テクノロジー×文化」のトライアングルを編集することこそが、これからの時代に個人が躍動するカギであり、日本を変えるカギになる。これが、私の結論です。

ただ、今はこの3つのバランスが崩れています。経済に寄りすぎる人、テクノロジーに寄りすぎる人、文化に寄りすぎる人ばかりで、トライアングルを編集する人が枯渇しているがゆえに、さまざまな軋みが生じています。その解決こそが、希望あふれる未来へとつながるのです。

詳しく説明していきましょう。

テクノロジーについて語る人は、大体、ユートピア的なテック至上主義に染まりがちです。「A

Iで人間がいらなくなる」「テクノロジーがあれば働かなくてよくなる」「テクノロジーが貧困問題を解決する」といった意見は、未来予測としてはインパクトがあるのですが、人間理解に欠けており、どこかのっぺりしています。

私自身、28～30歳の2年間、スタンフォード大学の大学院に留学し、テクノロジーの聖地であるシリコンバレーの風を浴びました。スタンフォードという場所は、雄大な自然に恵まれて、天気もよく、家も広く、快適至極。そこに集う学生たちは、頭がいいだけでなく、オープンマインドでいい人ばかりでした。

しかし、2年の日々を過ごして痛感したのは、「シリコンバレーは文化的につまらない」ということです。休日には、アウトドアやパーティーやDVD鑑賞ぐらいしかやることがありません。私は3ヶ月ぐらいで東京生活が恋しくなりました。

「このスタンフォードの環境で生活していると、経済とテクノロジーの玄人にはなれるけど、文化からは縁遠くなるな」と感じたのを鮮明に覚えています。歴史が浅く、しがらみが緩いのがシリコンバレーの強みですが、それは、裏を返せば「文化的な蓄積が浅い」ということです。

日本のスタートアップ業界もシリコンバレーと似たところがあります。テクノロジーをテコにビジネスを拡張し、稼ぐのはそこそこうまい。しかし、文化的な奥行きや、思想的な深さに乏しいため、人間や社会を本当に豊かにするような事業がなかなか生まれません。

ソーシャルゲームがその典型例でしょう。ビジネスやテクノロジーについて抜群の切れ味を見せる論客や起業家も、文化や思想やアートには疎いことが多い。「経済×テクノロジー」の2つはどうにか回せても、そこに文化が入ってきません。そうした底の浅さゆえ、日本のスタートアップは飽きられやすいのです。

翻って、日本の伝統的な企業は、資金も豊富で、長い歴史から生まれる文化もふんだんに蓄えています（それに縛られすぎている面もありますが）。「経済×文化」のかけ合わせは、ある程度できているのですが、テクノロジーへの適応があまりにも遅すぎるため、世界の競争から大きく取り残されてしまっています。

テクノロジー至上主義はいただけませんが、テクノロジー懐疑主義が強すぎるのも考え物です。経済と文化の蓄積を、テクノロジーをテコにしてフル活用すればいいのですが、宝の持ち腐れになってしまっています。

ならば文化を扱う企業やアーティストはどうかと言うと、経済音痴、テック音痴がはびこっている状況です。日本のアーティストの多くは経済やテクノロジーと縁遠い生活をしています。

アーティストにとってのビジネスセンス、マネジメントセンスの重要性を一貫して訴えているのが、ポップアーティストの村上隆さんです。

村上さんが世界を舞台に活躍できているのは、作品の力だけではありません。ビジネスマインドを意識的に磨いて、商売とアートの距離を近づけた点に彼のすごさがあります。

２０１２年、東洋経済オンラインの編集長になったばかりの頃、村上さんにインタビューしたときの言葉が今も脳裏にこびりついています。

「スティーブ・ジョブズの評価点は、資本主義というものを〈ものづくり〉に引きずりこんだことです。日本は、〈ものづくり〉はすばらしいのに、資本主義に負けてしまっているわけです。だから、経済、資本主義が何かということを、もっと学校が徹底して教えるべきですよ。結局、商いをもっとリスペクトするような社会構造を作り、『商いは文化だ』という認識を浸透させないと、日本の文化は成長しません」[6]

村上さんは、文化と経済システムがうまくかみ合った例として、『週刊少年ジャンプ』が切り開いたマンガビジネスのシステムを挙げます。

「マンガだけでなく、テレビや映画といったマルチメディアで稼ぐ収益構造を前提として、マンガや人材育成に投資していくシステムを作り上げた。１つの完璧なクリエイティブエコシステムですよね。金儲けをして、儲けた資金で未来を創る。そういうエコシステムこそ評価できると思います」

村上さんの警鐘もむなしく、日本の文化産業は未熟なままです。政府肝いりの「クールジャパン機構」は、過去5年で44億円の損失を計上。２０１８年6月にはＣＥＯが更迭されて新体制へと移行しました。

日本が変われないのはメディアが変わらないから

経済の担い手である民間側も振るいません。低迷の責を負うのは、文化の担い手たる出版社、新聞社、テレビ局などのメディアです。このセクターほど、経済音痴、テクノロジー音痴なところは珍しい。私は日本の3大ガラパゴス分野は、政治、教育、メディアだとつねづね主張していますが、メディアの変化の遅さが、日本全体の変化のスピードを遅らせてしまっています。

なまじっか日本のマスメディアは影響力が大きいだけに、その負の作用が増幅しています。メディアは、変われない日本そのものなのです。

世界のメディア業界は過去20年で激変しました。その起爆剤となったのは、デジタル化、モバイル化、ソーシャル化、グローバル化の4つの変化です。メディアビッグバン時代の生き残りをかけて、世界のメディアは血みどろの自己改革に挑みました。そうせざるを得ないほどの、猛烈なプレッシャーに襲われたからです。

たとえば、米国のニューヨークタイムズは、過去10年で「紙の新聞」の会社から、「デジタルメディア」へと完全に生まれ変わりました。というより、生まれ変わらざるを得なかった。

リーマンショック後に米国の新聞広告マーケットは3分の1以下にまで急落、1950年の水準

図表1-3｜米国の新聞広告売上（1950～2013年）

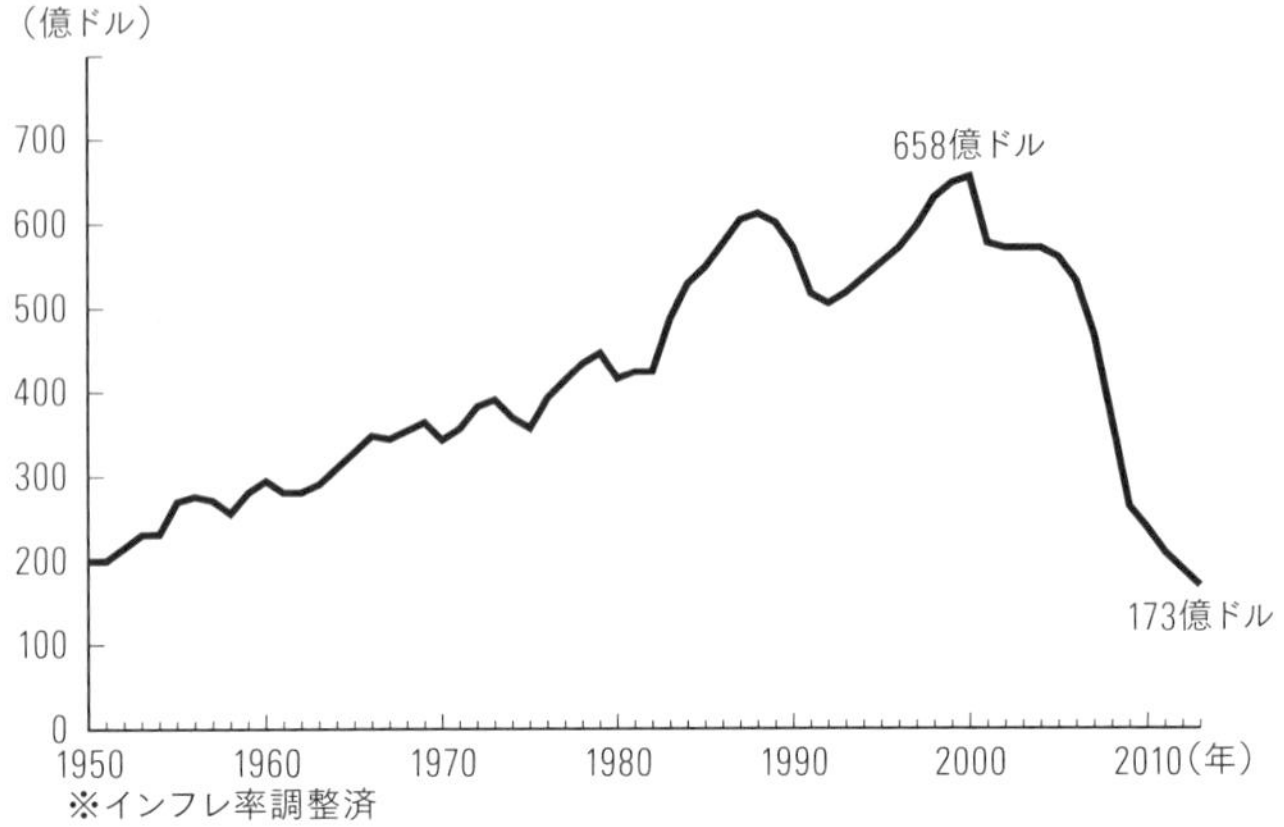

出所｜Newspaper Association of America

にまで市場が落ち込みました（図表1－3）。

そこで構造改革を断行すべく、2012年にBBC会長としてデジタル改革を推進した、マーク・トンプソン氏をCEOとして招聘。[7]紙至上主義だった新聞ビジネスを、スマホ、パソコン、タブレットなどクロスプラットフォームへと改革すべく、テクノロジーエリートを雇い、デジタル企業への脱皮を図りました。同時に、記者の数を増やすことによって、コンテンツの充実を進めていきます。とくに、トランプ報道にはライバルであるワシントンポストの倍以上の人員を割き、独走状態を築きました。

その結果、ニューヨークタイムズのデジタル有料会員は、2019年3月末時点で過去最高の350万人に到達。これはニュースメディアの中で世界一です。紙と合計した購読者は45

0万に上り、こちらも過去最高を記録しました。

こうした成果により、ニューヨークタイムズは〝隠れたユニコーン〟（もしニューヨークタイムズがスタートアップ企業だったら、時価総額1000億円は軽く超すぐらいの評価を得られるだろうという意味）と呼ばれるまでにデジタルの世界で注目を浴びるようになっています。

世界のメディアが自己革新に励んだ過去10年、日本は完全に出遅れました。新聞社、出版社、テレビ局は、小さい改善はあっても、大きなシステムは何も生み出せませんでした。文化に経済とテクノロジーをかけ合わせることができなかったために、文化そのものが衰亡しているのです。

ウォール街×シリコンバレー×ハリウッドを抱える米国の強さ

落合さんのような人材は稀有ですが、せめて「経済×テクノロジー×文化」を高次に融合する人間がもっとたくさんいれば、日本はここまでの惨状には陥らなかったでしょう。

さまざまな問題を抱えているとはいえ、米国がすごいのは、経済（金融）の中心である「ウォール街」、テクノロジーの最先端を突き進む「シリコンバレー」、文化（コンテンツ）の聖地たる「ハリウッド」を国内に持っている点です。

産業の変遷を振り返ると、90年代から2000年代前半の世界を席巻したのは、金融でした。金融工学の発展により「金融×テクノロジー」のイノベーションが生まれ、ウォール街が活況を呈しました。サブプライムローンバブルの崩壊によるリーマンショックまでその栄華は続きます。私自身、2001年に就職活動をしましたが、当時は、ゴールドマン・サックス、モルガン・スタンレーといった投資銀行で働くことが、野心ある若者の憧れでした。

金融の次に一世を風靡したのは、テクノロジー産業です。

21世紀に入り、Google（1998年創業）や Amazon（1994年創業）の存在感が拡大。2004年にはフェイスブックも誕生しました。2007年には Apple が初代 iPhone を発売し、モバイル時代が幕を開けました。

今なお、Google、Apple、Facebook、Amazon からなるGAFAを中心とするテック企業の天下は続いています。ただし、データ寡占への反発、中国のBAT（バイドゥ、アリババ、テンセント）の躍進などもあり、GAFAの勢いもピークを越えた感があります。Facebook のスキャンダルは潮目の変化を印象づけました。業績は成長していますが、逆風がやむことはないでしょう。今はテクノロジーの影響が高まりすぎて、ユーザーの「テクノロジー疲れ」も深刻化しています。

人文科学は復権する

では、金融、テクノロジーの後に来るのは何でしょうか？

それは「文化」だ、というのが私の読みです。テクノロジーはあくまで手段であり、能力増幅器のようなもの。金融もあくまで手段であり、血液のようなものです。テクノロジーも金融も強力なネタがあってこそ、威力が発揮されます。テクノロジー、金融に対する失望の後、主役の座を射止めるのは文化でしょう。

「経済×テクノロジー×文化」は「社会科学×自然科学×人文科学」とも置き換えられます。ここ数十年、世界では、社会科学、自然科学のウェイトが高まってきましたが、退潮気味だった人文科学、文化、アートの復権はすでに始まりつつあります。

平成の30年間は、日本経済にとって喪失の日々でした。目の前の生活がほどほどに豊かなので気づきにくいですが、日本はボロ負けしたと言っていいでしょう。平成を席巻した金融革命、インターネット革命、メディア革命、そのすべてにおいて出遅れました。さらに現在進行中のＡＩ革命でも、米中の後塵を拝しています。

しかし、あきらめるのは早すぎます。より文化が重宝される時代、日本には、大きなアドバンテージがあります。ただし、縦割りの中では活かされません。

私は、「経済×テクノロジー×文化」を軸に、横串で多彩な価値を生み出す編集思考を駆使する個人が増えることが、日本の希望になると確信しています。

編集思考は、日本を救う切り札になりうるのです。

第2章　編集思考とは何か

そもそも、編集とは何か

同じ素材でも編集で価値は何倍も高まる

「編集思考とは何か」をより深く理解するために、本章ではまず「編集とは何か」について考えていきます。

編集という言葉にはさまざまな定義がありますが、私は「素材の選び方、つなげ方、届け方を変えることによって価値を高める手法」だと考えています。

私は仕事柄、いろんな人から、事業やコンテンツのアイデアの相談やキャリアの相談を受けるのですが、そのたびに感じるのは編集という手法の汎用性の高さです。

私は何か特定分野の専門家ではありませんが、編集者として数多くの産業の人と接してきました。多くの方は1時間ほどブレストすると、「確かに、そんな見方もできますね」「その組み合わせはおもしろいですね」と、晴れ晴れとした表情を見せてくれます。タコツボにはまり込んだ人を引っこ抜いて、硬くなった頭をほぐしてあげると、新しいアイデアがどんどん吹き出してくるのです。

商品やサービスの開発では、とりわけ「編集」が欠かせません。

あらゆる分野で価格や機能の競争は行きつくところまで行っています。現代は、「組み合わせでしか新しいものは生まれない」と言っても過言ではありません。ここ最近のヒットを見ても、何らかの組み合わせによって生まれているものばかりです。

電話×パソコン×ネット＝iPhone
テレビ×ネット×ドラマ＝ネットフリックス
車×シェア×ネット＝Uber
家×シェア×ネット＝Airbnb
オフィス×シェア×コミュニティ＝WeWork
書店×カフェ×モノ＝蔦屋書店
モノ×シェア×スマホ＝メルカリ
予備校×動画×スマホ＝スタディサプリ
アニメ×ゲーム×位置情報＝ポケモンＧＯ
アイドル×選挙×コミュニケーション＝ＡＫＢ

資料2-1｜KOIKEYA PRIDE POTATO

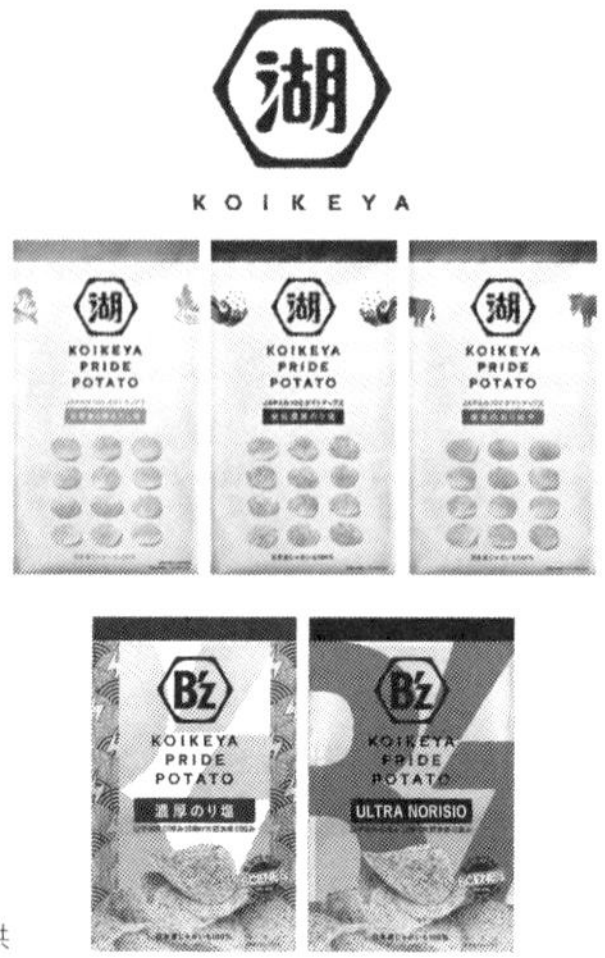

出所｜株式会社湖池屋より提供

こうしたメガヒットに限らず、組み合わせにより生まれた新しい価値は、日常にあふれています。

最近、これはうまいなあ、と思ったのは、湖池屋のポテトチップスです。湖池屋は１９５３年に生まれた老舗のお菓子メーカー。「カラムーチョ」「スコーン」「ポリンキー」「ドンタコス」といったヒット商品を持っていますが、お菓子は差別化がとても難しい商品です。

２０１６年、キリンビバレッジ出身の佐藤章《あきら》さんが社長に就いてから、リブランディングが始まりました。

テーマは、単価の高いプレミアム市場の創出です。味、名前、パッケージ、ＣＭ戦略、すべてを見直して、「ＫＯＩＫＥＹＡ　ＰＲＩＤＥ　ＰＯＴＡＴＯ」を発売（資料２－１）。発売から

資料2-2｜箱根本箱

出所｜株式会社自遊人より提供

約4ヶ月間で2000万袋を売り上げ、5ヶ月間で初年度年間目標の20億円に達する大ヒット商品となりました。従来のポテトに、「プレミアム」「デザイン性」といった要素をかけ合わせることで、新たな市場を生み出したのです。

さらには、コラボにも積極的。読売巨人軍とのコラボ商品（「GIANTS PRIDE POTATO 濃厚のり塩」）、B'zとのコラボ商品（「B'z PRIDE POTATO 濃厚のり塩」など）の開発など、「ポテト×〇〇」の組み合わせに次々と挑戦しています。

もう1つの例は箱根にあるブックホテル、「箱根本箱」です（資料2－2）。「ホテル×書店」のかけ合わせによって新たな価値を生み出しています。

資料2-3｜文喫

出所｜日本出版販売株式会社より提供

もともとこのホテルは、書店の取次を行う日販の保養所でした。そこを全面リノベーションして、１万２０００冊の本が迎えるホテルへと生まれ変わったのです。

プロデュースを手掛けたのは、雑誌『自遊人』を手掛ける岩佐十良編集長。雑誌を編集するだけでなく新潟に里山十帖という素晴らしい宿（築１５０年の古民家を改装し空間そのものを見事に編集）を創りだした、編集思考の達人です。客室をはじめホテル中に並ぶ本は、中谷美紀さん、横尾忠則さん、松尾スズキさん、綿矢りささん、辻村深月さんなど、各界の著名人により選書されています。

私も泊まってきましたが、ロビーの選書のみならず、客室の選書まで趣味にぴったりで驚きました（偶然、落合陽一さんの選書でした）。本屋よ

資料2-4｜ピエール・エルメ

出所｜PH PARIS JAPON 株式会社より提供

り本が買いたくなるのです。実際、本の1人当たり単価は本屋の6倍。稼働率も8割を超えており、人気ホテルの地位を確立しています。日販はこの他にも、「本屋×コワーキングスペース」のかけ合わせによって、入場料をとる本屋「文喫」（資料2−3）をプロデュースしており、こちらも多くの人でにぎわっています。

もう1つ、最近のお気に入りは、丸の内仲通り沿いにできた「Made in ピエール・エルメ 丸の内」（資料2−4）です。

ピエール・エルメといえば、「パティスリー界のピカソ」とも称される大御所。この店は、日本好きの彼が選んだ〝日本の素晴らしいもの〟を世界へ発信するコンセプトショップです。お米から海苔から水から調味料からお弁当から雑貨まで、日本各地から集めてきた商品が並び、店内には日本語のシャンソンが流れます。店の名前も「ピエール・エルメ」とカタカナになっており、「ピエール・エルメ×日本」という異色のかけ合わせが、ユニークな存在感を醸し出しています。

今回のプロジェクトのみならず、過去には、NECと組んでピエール・エルメの世界観をデザインに取り入れた携帯電話を創ったり、ルノー・ジャポンと組んで、ピエール・エルメのお菓子をイメージした車を出したりもしています。ピエール・エルメ・パリ日本代表のリシャール・ルデュは、コラボレーションについてこう語っています。

「〝美的であること〟や〝モダン＝時代にフィットしていること〟はお菓子のブランドでも必須ですが、私は『お菓子はアートの1つ』と捉えています。だから、さまざまな分野のアーティストとコラボして、商品作りやイベントをたくさんやってきました」[8]

ポテトでも、ホテルでも、洋菓子でも、すべては素材の「選び方」「つなげ方」「届け方」次第。優れた編集によって、その価値は何倍にも高まるのです。

編集者とは「偉大なる素人」である

私は、かれこれ17年近く編集者という仕事をやっていますが、この仕事を一言で表すならば「偉大なる素人」です。

私が典型ですが、編集者とはとくに何の専門性もない人間です。あらゆる分野に好奇心を抱く、多動な存在。要は、単なる〝つなぎ屋〟です。編集者は、あらゆる分野に首を突っ込みますが、素人だからこそ、いろんな人や事業をフラットに見ることができます。先入観やしがらみから自由になりやすいのです（「私には専門性がない」という悩みは、編集思考を身につける上で不要です）。

では、どうすれば「偉大なる素人」になれるのでしょうか。もっとも、求められるのは、「空気を読み切った上で、空気を打ち破る」力です。

よく場の空気も読まずに発言する人がいます。これは「単なる素人」です。そうした発言は、アクセントにはなっても、実りある成果を生みません。

一方、大半の日本人は、空気を読みすぎて空気を破れなくなります。これは「静かなる素人」です。メタ視点で自分を見すぎて、自分を縛りつけてしまっています。害もない代わりに、実りもありません。しかし、「単なる素人」よりは見込みがあります。空気を読む力はあるからです。

「偉大なる素人」とは、メタ視点で空気を読みながらも、ここぞというタイミングで、ときに周りが眉をひそめるような、グッと心に刺さる言動に踏み切る人です。新たな価値を生み出すためには、必ず現状の延長線上にはない、つまり専門家から見れば「空気を読まない」提言が必要になるのです。

「単なる素人」に足りないのは、知識であり、周りを察する力であり、メタ認知能力です。「静かなる素人」に足りないのは、逆張りする勇気であり、新たな発想を生む編集力です。それをトレーニングによって育めば、「単なる素人」も「静かなる素人」も「偉大なる素人」へバージョンアップすることができます。

そうした進化のヒントを探るため、「編集思考とは何か」をより解像度を高めて説明していきましょう。

選び、つなげて、届けて、深める。編集思考の4つの機能

編集思考は大きく「セレクト（選ぶ）」「コネクト（つなげる）」「プロモート（届ける）」「エンゲージ（深める）」の4つのステップに分けることができます（図表2－1）。

編集する対象は、ビジネスモデル、個人のキャリア、チームづくりなど様々です。この思考のフォーマットさえインストールできれば、日常のあらゆるものが編集次第で価値を高められる「素材」に見えてくるはずです。それでは、ひとつずつ見ていきましょう。

図表2-1｜編集思考の4つのステップ

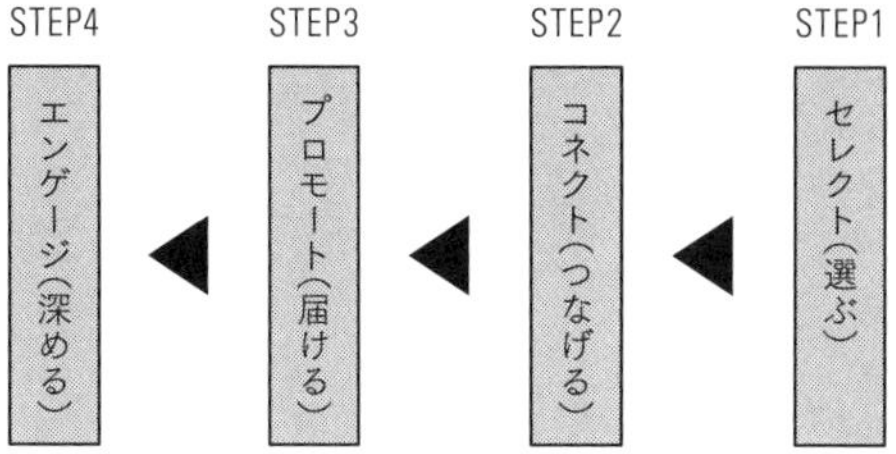

セレクト：選ぶ

まず1つ目は、あまたの素材の中から精選する「セレクト」。ヒトにしろ、事業にしろ、料理にしろ、まずは素材がなくては始まりません。できるだけ多くの知識を持ち、経験を有し、人脈を広げることが「編集者」としての強みになります。しかし、誰から見ても価値のあるものは、すでに引っ張りだこです。編集力を高めるには、玉石混交の中から誰よりも早くダイヤの原石を見つけ、磨き上げてポテンシャルを開花させていく能力が求められます。

セレクトの法則1：いいところだけを見て、惚れ抜く

他の人にはまだ見えていない価値を発掘するためのコツ。それが、セレクトの1つ目の法則「いいところだけを見て、惚れ抜く」です。

10点満点ですべてが7点のヒトやモノやコトより、たとえ欠点があってもどこかが飛び抜けた素材を選んでください。他の人が気づいていない、本人すらも気づいていない「未開拓のいいところ」に気づけるとより価値は高まります。

日本人はえてして、人の長所を見つけ出すのが苦手です。どうしても足りないところに目がいってしまい、短所を矯正しようとしてしまいます。編集思考で大切なことは、完璧なものを見つけようとせずに、デコボコな個性をくっつけて、「組み合わせで完璧を創る」という発想に切り替えることです。

私が学生時代から繰り返し読んでいるエッセイに、塩野七生さんの『男たちへ』があります。その中で、成功する男の条件を記した章があるのですが、1つの条件として「暗黒面にばかり眼がいく人、ではない男」と記されています。

「人生の暗黒面にばかり眼がいく人は、人生というものを暗く思いたいからにすぎない、と言えないであろうか。同じものでも、光のあて方によってちがって見えてくるものである。当然、はじめから光をあてる気もない人には、いつまでたっても暗くしか見えない。これでは、まわりの人にとってはたまったものではないのだ」[9]

この成功の条件は、編集思考の条件にも当てはまります（男女は関係なく）。人のいいところを見つけられる人のところには、いい人が集まってくるのです。

では、その「いいところ」を見つけるスキルはどう高めていけばいいのでしょうか。私は「好き嫌いの軸をしっかり持つこと」、「好きになったら、とことんのめり込むこと」から始めてほしいと思っています。

「なんと単純な」と呆れられるかもしれませんが、実は自分の好き嫌いをはっきり言える人はなかなかいません。ふだんから空気を読んでいるうちに、自分の好き嫌いを自覚すらできなくなっている人が大半です。ヒトやモノやコトの好き嫌いを明確にすることが、編集思考を磨くための第一歩になります。その上で、一度自分が惚れたものは、とことん惚れ抜く。ときにはふられたり、騙されたりすることもありますが、それを恐れないぐらいの「惚れる勇気」が必要です。

私は経済誌『週刊東洋経済』編集部に在籍していたとき、「スポーツ&リーダーシップ」というスポーツ界の玄人を取り上げる連載の編集担当だったのですが、広島カープの苑田聡彦《そのだとしひこ》スカウト統括部長の話が記憶に残っています。

苑田さんは、プロ入り前は無名に近かった金本知憲（前阪神タイガース監督）や黒田博樹（前広島カープ投手）を発掘し、広島のスカウト力の土台を固め、今日の黄金期の礎を築いたプロフェッショナル。コストがかさむFA（フリーエージェント）に頼らない広島にとって、スカウトはまさに生命線です。

苑田さんがスカウト担当に言うのは、「惚れたら、惚れ抜け。惚れたら、ずっと行け。他人は関係ない」。一目惚れしたら、突っ走れと言い聞かせているのです。

もちろん、セレクトで「選ぶ」のはヒトだけに限りません。モノでも、事業でも、文化でも、ストーリーでも、場所でもOKです。

たとえば「場所の発掘」で言うと、近年のスマッシュヒットは北海道のニセコです。スキー場としては世界で2番目に降雪量が多いと言われ、「奇跡のパウダースノー」と称される雪質のよさで名を馳せています。最初に目をつけたのは、オーストラリアの観光客でした。海外のスキー好きにより発見され、その後、口コミで評判が広がり、地元の努力によりインフラや施設も整備されて、今では高級ホテルが居並ぶリゾートになっています。ニセコ地区にある倶知安町の地価は、商業地、住宅地ともに5割増と、地価上昇率全国トップを記録しました。

これも、オーストラリアの観光客が、日本人では見出せなかった「いいところ」に目をつけて（観光地になる前のニセコの不便さを気にせず）、惚れ抜いたからこそ生まれたヒットと言えるでしょう。

食べ物で言うと、「いいところ」を見出され、ゴミから健康食品へと出世したのがアカモクです。アカモクはほぼ日本全国に生息する海藻で、これまでは船のモーターに絡まったりする邪魔者として扱われていましたが、数年前、スーパーフードとして再発見されました。ミネラルや食物繊維を多く含むのに加えて、アカモクのネバネバに含まれる成分が生活習慣病の予防に役立つことがわかったのです。そこからブームが始まり、最近では、アカモクを使った青汁を売り出すスタートアップも出てきました。

人でもモノでも事業でも、平均点にこだわらず「いいところ」だけに目をつけることによって、新しい活かし方が見えてくるのです。

セレクトの法則2：直感をダブルチェックする

セレクトの1つ目の法則として、「いいところだけを見て、惚れ抜く」を紹介しました。しかし、盲目的に惚れてはいけません。恋は魔物です。ヒトにしろ、モノにしろ、コトにしろ、ついつい舞い上がって一目惚れしたものが、実は見当外れだったということはよくあります。そうしたミスマッチを防ぐためにも、惚れた対象の見極めは欠かせません。

セレクトの法則2は「直感のダブルチェック」。惚れたという「直感」が正しいかを、現場と論理と他人の目によって丁寧に検証していくのです。

ヒトに関する私自身の検証方法は会話に尽きます。できれば、面接のようにかしこまった感じではなく、カジュアルな雑談がベストです。

会話とは、人間の瞬発力、センス、人間性、知性が凝縮された総合格闘技です。顔を合わせて話すことで、ロゴス（論理）、エトス（人徳）、パトス（感情）のすべてが露呈します。当人から醸し出される迫力、オーラみたいなものはＡＩには感じ取れません。会話は人の本質をあらわにするのです。私は、会話をとおして、「なんか変だな。嘘っぽいな」「話に個性と具体性がなくて、つまらないなあ」「自分と相性が悪いなあ」と思ったときは、即座に撤退するようにしています。ここで違和感を引きずり続けると、後で軋轢が生じたときに、泥沼の撤退戦を強いられるからです。

人間は日々の習慣によって形作られる生き物です。挨拶の仕方、服装、言葉遣い、自意識の出し方、自分より弱い人に対する態度、失敗したときや耳が痛いことを言われたときの反応などを照らし合わせると、裸の姿が見えてきます。

とくに、お酒が入った食事ができるとグッと距離が縮まります。古今東西、男女がデートでまず食事をするのも、ゆえあってのことでしょう。

私は、酒が入ると、性格や態度が豹変する人はあまり信用しないようにしています。普段は自分を殺している可能性が高いからです。いちいち酒を飲まないと自分を出せない人と付き合い続けるのは、よっぽど才能がある人でないかぎり面倒くさいですし、信頼関係が築きにくい。

酒を飲んで腹を割って話すことで、ミスマッチのリスクは下げられます。最近は、禁酒もブームになってきましたが、やっぱりお酒を飲むという行為は文化として残っていってほしいものです（お茶を一緒に飲むだけでも効果的です）。

会話に加えて、ＳＮＳも貴重なリトマス試験紙になります。ＳＮＳは自らをうまく装うこともできますが、長く観察するとボロが出てきます。当人の人間性が見事なまでににじみ出てくるのです。現代人は、まるで精神を丸裸にして歩いているようなものです。

ネチネチと人の批判をする人は論外。評論家風にとうとうと持論を述べる人も、行動力がない可能性が高いので要注意です。文体を含め、会ったときのトーンとの乖離が大きい人や、コメントが先鋭的すぎる人は、ゆがんだ何かを抱えているおそれがあります。そもそも、ＳＮＳを軸として活動している人は警戒したほうがいいでしょう。ＳＮＳにどっぷり浸かった人は、短期的にはブレイクしても長続きしにくい。一発芸がうまいお笑い芸人みたいなものです。

最後に、信頼できる相棒によるスクリーニングも大切です。人のいいところを見つけるのがうまい人は、えてして騙されやすい（私もおめでたい性格だと昔はよく言われました）。世慣れた人であれば気づく嘘を見過ごしてしまうことも少なくありません。

だからこそ、自分の判断だけに頼らず、冷静な目でストップをかけてくれるパートナーは貴重です。経営者にとっての社外取締役のように、耳の痛い意見も言ってくれる人、自分と異なる眼力を持つ人は編集思考を駆使する上で欠かせません。

事業面におけるダブルチェックの最強の武器になってくれるのは、データや数字です。直感に長けたタイプは、数字に弱いケースが多い。数字やデータは、それだけに頼ると陳腐なアイデアが生まれやすいのですが、スクリーニングやダブルチェックには極めて有効です。

ここまでヒトのセレクトについて語ってきましたが、不動産のセレクトで言えば、私は森ビル創業者の森泰吉郎の話が好きです。彼は、土地を選ぶ際に「その場所の夕日を見てきれいだったから買った」といったエモーショナルなセレクトもしていたそうです。しかし、もともとは経営学者だったこともあり数字にも抜群に強い。データでのチェックも欠かしませんでした。

今なお不動産には、数字だけでは測れない「磁力」「顔のよさ」「気のよさ」といった選択基準があります。場所に惚れるという感情を大事にしながらも、数字の分析によってしっかりスクリーニングとダブルチェックをしていく。それは不動産に限らず、あらゆるセレクトにおいて重要なことです。

とくに事業の選択においては、ダブルチェックが命綱です。私もたまに起業家のピッチコンテストの審査員をするのですが、「ワクワクするけれども、市場規模が小さくて伸びしろが少ない」という事業はよくあります。

起業や新規事業の成功を決める要素の1つは、市場規模の大きさです。いかに好きな事業でも、池が小さければ、早晩行き詰まってしまいます。ワクワクだけで動いてしまう起業家は、直感を数字でダブルチェックできていないのです。

また、直感や情熱で始めた事業で死を迎えないように、撤退ラインを決めておくことも大切です。私が「新規事業が本当にうまいなあ」と思う企業の1つが、アース ミュージック&エコロジーなどのアパレルブランドで有名なストライプです。同社は、2015年から、ライフスタイル&テクノロジー分野にも進出し、新規事業を矢継ぎ早に打ち出しています。

渋谷にあるホテル併設型店舗「hotel koé tokyo」、月額5800円で新品の服3アイテムを借り放題の「メチャカリ」、京都にオープンした体験型ドーナツファクトリー「koé donuts（コエ ドーナツ）」、アイスクリームショップの「ブロック ナチュラルアイスクリーム」、ECプラットフォームの「ストライプデパートメント」などなど、どれもセンスにあふれています。

創業者で社長の石川康晴さん（卓越した編集思考の持ち主）は、同社の1番の強みは「投資する瞬間に撤退基準を決めること」だと強調しています。あえて撤退のルールを決めることで、挑戦がしやすくなるというわけです。インタビューで、次のように語っています。

「たとえば、アイスクリーム屋を始めるときに『僕たちにとっては初めてだよね。ノウハウないよね。でも、ちょっと新しいアイスクリーム屋をやってみたいよね』と始めます。コンセプトとしては、一般的にはちょっと〝健康にとっての毒〟と考えられがちなアイスクリームを、寒天や希少糖を使ったりして、少し社会問題解決につなげていこうという思いは持ちつつも、『苦手なことだからね』と退店の条件はあらかじめ決めておく」[10]

始動の際には、投資の上限と年数の期限をしっかりと設定します。hotel koé tokyoの場合は、10年で50億円。累積赤字が50億円を上回った場合は、たとえ売上高が伸びていても撤退すると決めています。攻めと守りの仕組みをインストールし、直感と情熱の暴走を防いでいるのです。

セレクトの法則3：両極に振る

セレクトの3つ目の法則は、「両極に振る」ということです。

一方では自分と共通性が高く、距離を近づけやすいタイプのものを取る。もう一方では、自分とはほとんど共有するものはないものをあえて取りに行く。

これは分散投資の考え方と似ています。

投資においてもバラエティに富んだポートフォリオを組むように、ヒト、モノ、コトいずれにおいても意識的に1つの軸の中で両極を揃えておくべきです。また、目先の成長や数字に追われると中長期で大化けしそうな株を見逃してしまうため、短期と長期という時間軸においての両極を押さえておくことも重要です。

「振れ幅の大きい、多様な素材を見つける」達人としては、建築家の隈研吾《くまけんご》さんがいます。隈さんは素材に徹底的にこだわります。2018年には東京ステーションギャラリーで「くまのもの」と題した展示会を開き、木、石、竹、コンクリート、ガラスなど、10種類の素材を使った圧巻の展示を見せました。

中でも、隈さんの十八番が「木」です。木は燃えやすくて使いにくいという常識を覆し（今では、技術革新により燃えにくい木も生まれています）、木の新たな魅力をプロデュースしています。幅の広い素材をカードとして持っておくことで、変化に富んだ組み合わせを生み出す。セレクトの段階での幅が、次のステップのコネクトの可能性を大きく広げているのです。

「両極に振る」は、キャリア戦略においてもお薦めです。

私自身、10年ほど、紙の雑誌の世界で生きた後に、32歳のときに東洋経済オンラインの編集長に就任、35歳からはデジタル経済メディアのニューズピックスで働いています。キャリアの前半10年をアナログの紙、過去7年をデジタルと、まさに両極に振りました。

過去7年間、デジタルにどっぷりつかって痛感したのは、紙とデジタルの溝は大きく、求められるマインドセットに大きな差があるということです（図表2－2参照）。個人が紙からデジタルへとマ

図表2-2｜紙とデジタルで求められるマインドセットの違い

紙	デジタル
一人一芸	一人多芸
完璧主義	行動主義
クオリティ	スピード
ヒエラルキー	フラット
まずチーム	まず個人
一方通行	双方向

インドセットを変えるのは至難の業《わざ》。すでに染みついた作法から抜け出すのは、一苦労でした。

しかし、難易度が高いからこそ、その両極を渡ることができた人は、引く手あまたになります。

私は、今でこそ偉そうにメディアの未来を語っていますが、基本的にはITリテラシーが極めて低いアナログ派の人間です。

大学時代のプログラミングの授業は、初回で挫折。ニューズピックス加入までは、らくらくフォンを愛用しており、今なおスマホのフリック入力ができません。Twitterをやり始めたのは2年前からですし、LINEは今も使いません。そんなアナログ人間なのに、あえてデジタルにフィールドを移しました。それによって、私のキャリアは一気に開けましたし、もし今後まったく違うキャリアを選べと言われても、十分つぶしは効くはずです。

こんなITリテラシーの低い私でもデジタルメディアで働けているのですから、覚悟さえあれば、誰でも逆に振ることは可能だと思います。

決断は早いに越したことはありません。20代のうちは、1つのフィールドで自らの腕を磨き抜くのもお薦めですが、一度軸ができたと思えたら、好き嫌いと戦略に応じて、早めに逆展開していくほうがいいでしょう。なぜなら、まったく強みが通じない他流試合こそが、正確な自己認識をもたらすからです。

私自身も、20代後半の米国留学という他流試合を通じて、いかに自分が井の中の蛙だったかを思い知りました。上には上がごまんといる、自分はまだひよっ子で足りないところばかりだと目が覚めました。そうした挫折を経験すると、日常に真摯に向き合うようになります。

編集思考は、深掘りと逆張りと撤退を繰り返していく、ダイナミックでシビアなものです。ダメだと思ったら、離れること、あきらめることも大事です。それは、逃げではありません。そこで得た学びは、次のセレクトにきっと生きるはずですから。

コネクト：つなげる

セレクトにより多くの引き出しを手にした後は、それを「つなげる」センスが試されます。2つ目の編集思考は「コネクト」、つまりは、「つなげる」機能です。

いかにいい素材があっても、それをうまく調理しないと、素材のよさを引き出せません。この「つなげる」が、編集思考のもっともコアな機能です。

コネクトの法則1：「古いもの」と「新しいもの」をつなげる

コネクトのもっともオーソドックスな手法は、古いものと新しいものをつなげることです。長い歴史を持つ日本は「古いもの」の宝庫なのですが、その味わいを存分に活かせていません。

その点、古いものの価値を最大化するのがうまいのは欧州です。ルイ・ヴィトン、ブルガリ、クリスチャン・ディオールなど75のブランドを傘下に持つフランスのＬＶＭＨグループはその「横綱」でしょう。伝統あるブランドを多数抱える一方、若いブランドにも積極的に投資。２０１８年には、ルイ・ヴィトンのメンズのトップに初の黒人デザイナーであるヴァージル・アブローを選び、新風を吹き込みました。

ルイ・ヴィトンが仕掛けたコネクトの中でも、インパクトが絶大だったのが、ファッションブランドのシュプリームとのコラボレーションです。

シュプリームは１９９４年に米国で生まれた新興のストリートブランド。スケートボード界隈のカルチャーやヒップホップの影響が色濃いブランドです。かたやルイ・ヴィトンはラグジュアリーの王様。１８５４年にフランスで旅行用鞄の専門店として始まった、老舗中の老舗です。もっとも遠いところにあるブランド同士と言えなくもありません。

ルイ・ヴィトンとシュプリームのコラボ商品は、２０１７－１８年秋冬のコレクションで発表されるやいなや世界中で大ヒット。日本のポップアップストアでは1万人を超える大行列が生まれ、あっという間に売り切れとなりました。シュプリームは数多くのコラボを実施していますが、その中でも歴史的な成功例と言えます。

欧州と同じく、長く深い歴史を持つ日本でも、古いものの価値が見直されつつあります。店や家

資料2-4｜上野桜木あたり

で言うと、日本でもやっと「新築よりも中古のリノベーションの方がカッコいい」という文化が生まれてきています。

最近訪れて、なんとも豊かな気分になったのは、台東区上野桜木にある複合施設「上野桜木あたり」です（資料2－4）。ベースとなっているのは、昭和13年築の日本家屋。そこをリノベーションして、クラフトビールがウリのビアホール、発酵パンを売るベーカリー、塩とオリーブオイル専門店、レンタルスペースなどが併設されています。土台はレトロですが、サービスや売り物はモダンで新しい。活気にあふれていて、平日のお昼でもお客さんでいっぱいでした。外国人観光客にも人気だそうです。

第1章でも強調したように、これからの日本において力ギとなるのは「経済×テクノロジー×文化」の融合です。文化は、時が経てば経つほど熟成して味が出てきます。そうした色気を「新しいもの」とつないで、豊潤な空間やモノを創っていけば、心も懐も豊かになるはずです。日本の伝統的な食が、最新のトレンドと結び付き世界で人気を博しているのは偶然ではありません。日本の食にしろ、京都などの伝統文化にしろ、日本の文化はまだまだ世界で飛躍できるはずです。

ビジネスの世界でも、古い業界に新しい発想とテクノロジーを持ち込むと、大きなチャンスをつかむことができます。その名手が、ラクスル社長の松本恭攝《やすかね》さんです。

同社の2019年7月時点の時価総額は1000億円を超えています。未上場であればユニコーンと呼ばれる存在です。同社が手掛けるのは、BtoB（法人向けビジネス）の、古くて地味な業界ばかり。印刷・広告シェアリングプラットフォームの「ラクスル」と、物流シェアリングプラットフォームの「ハコベル」がその柱です。

ラクスルは全国の印刷会社をネットワーク化し、設備が稼働していない時間を使って、安く印刷サービスを提供します。同様に、ハコベルも、運送会社に所属するドライバーの空き時間を使って安く荷物を配送するサービスです。ともにテクノロジーとシェアリングという新しいトレンドをアナログな業界に取り入れています。近年では、同様の仕組みでテレビCMや駅貼りポスターなどを安価で提供する、広告サービスも開始しました。

そんな同社を投資家が評価するのは、国内印刷市場3兆円、国内トラック物流市場14兆円、国内広告市場5兆円と、とにかく手掛ける事業領域の市場規模が大きいからです。古色蒼然としていて、若者はあまり目をつけないけれども、マーケットが巨大――そんな穴場は今の日本に結構残っています。最初の壁は高いものの、一旦その業界に食い込めば、ライバルが少ないため1人勝ちできるチャンスがあるのです。

失礼な表現になるかもしれませんが、人間の場合も、古いもの（歳を重ねた人）と、新しいもの（若い人）がうまくかみ合うと、同年代同士ではあり得ないような化学反応が起きます。

今は若さが称揚されがちな時代です。確かに、テクノロジーのリテラシー、新しいトレンドへの感度といった「時代性」においては、若者に分があります。その一方で、年上からは、長年の経験や知識に裏打ちされた「普遍性」を学ぶことができます。時代の変化によって陳腐化する知見も中にはありますが、人間社会のあり方は、時代を経ても大きくは変わりません。

若い人は、第一線で活躍する年長の人に図々しいくらい食い込んで、「普遍なるもの」や「権力のリアリズム」を一度は吸収したほうがいいでしょう。

大体、真に聡《さと》い権力者は、年下からの提言を好みます。好奇心に富んでいる上、年下の新鮮かつ率直な声に耳を傾けることが、自らのメリットになるとわかっているからです。賢い年長者ほど、若者の直言を自らの養分として取り込み、自らのパワーを増幅させていきます。さらに、若者にオープンで寛容な自分を見せつけて、人気取りにも使います。若者の意見に目くじらを立てるのは、まだまだ二流の人なのです。

コネクトの法則2：「縦への深掘り」と「横展開」でつなげる

コネクトの2つ目の法則は、縦への深掘りと、横展開を組み合わせることです。この組み合わせは、教育でも、経営でも、組織でも、事業でも、何にでも応用できます。

教育で言うと、「縦への深掘り」が専門で、「横展開」は教養です。

たとえば、スタンフォード大学は、「T字型人材」を育てることを学部教育の目標にしています。縦軸に専門を深く通すとともに、多種多様な教養を横展開で積み重ねていく。一般教養の領域では、「シンキング・マターズ（物事を考える）」という横断的なプログラムを設けて、7つの分野を必修にしています（図表2－3）。そうすることによって、専門バカにも雑学バカにもならずに、専門の知識や経験をクリエイティブに活かすことができるのです。

図表2-3｜Thinking Matters

1	美学と解釈の探究
2	社会調査
3	科学的分析
4	形式推論、数的推論
5	多様性にエンゲージする
6	経験的、倫理的推論
7	クリエイティブな表現

プログラムは、
左の7つから構成される。
学部の1年生は、
各領域から
1〜2クラスを履修する。

出所｜スタンフォード大学

「縦への深掘り」と「横展開」は、チームづくりにおいても大切です。「縦への深掘り」型とは何かにのめり込むオタク型。エンジニアやクリエーターに多いタイプです。

それに対して「横展開」型は、幅広い分野に精通する、ジェネラリスト型。全体最適を成し遂げるべく、縦割りになりがちな人や部門をつないでいく役割です。

偉大な企業を生み出した創業チームは、大体、縦横がうまく交差しています。たとえば、戦後の日本の星である、ソニーとホンダ。ソニーは井深大と盛田昭夫、ホンダは本田宗一郎と藤澤武夫の名コンビによって生まれました。井深や本田が現場で一心不乱にものを生み出し、盛田や藤澤がそれをビジネスとして形にしていきました。

井深大と本田宗一郎はプライベートで親しかったそうですが、井深は本田について「社長として、会社の経営をちゃんとやろうなどという考えは、おそらく本田さんにはいっさいなかったでしょう」と振り返っています。

「長いつきあいのなかでも、ふたりのあいだでは経営の話なんていうのは、まず出てきませんでした。ふたりとも経営者としては失格だったのですが、ご存知のように、それぞれ藤澤武夫、盛田昭夫というういい相手がいたからこそ、ここまでやってこられたわけです。本田さんがいつも研究所にいて、本社にはほとんど顔を出さず、ハンコから何から会社のことはすべて藤澤さんにまかせておいたというのは有名な話ですが、私も、そろばん勘定などめんどうなことは、すべて盛田君がやってくれました。自分の夢を実現することだけを考えて、一生懸命やっていればいい。そういう状態をつくってくれる人たちに恵まれていたという点で、私たちふたりはほんとうに幸せだったと思います」[11]

Appleでも、まずスティーブ・ジョブズがイノベーションを起こし、そのアイデアを、創業当初はスティーブ・ウォズニアックのようなエンジニアが、CEO復帰後は、ジョナサン・アイブのようなデザイナーやティム・クックのようなオペレーションのプロが具現化していきました。

Facebookのコンビも、絶妙にお互いを補完しあっています。創業者のマーク・ザッカーバーグは、ビジョナリーであり、どちらかというと温厚なタイプ。それに対して、2008年からCOOを務めるシェリル・サンドバーグは営業の鬼として、数字をしっかり積み上げていきます。『LEAN IN』などの著書を読むと柔らかい印象も受けますが、サンドバーグと一緒に働いた人に話を聞くと、実際はかなりハードな鬼軍曹だそうです。数字に徹底的にこだわり、トップダウンの官僚型で組織をビシバシ鍛えていくタイプです（サンドバーグは、もともと世界銀行や財務省で働いていたエリート官僚です）。

ビジョナリーで優しいザッカーバーグと、数字を追う官僚型のサンドバーグ。まったく性質の異なる2人のコンビだったからこそFacebookは目覚ましい成長を遂げたのです。攻めと守り。父性と母性。ビジョナリーとリアリスト。その両極を持たないチームは、偉大な企業へと成長することはできません。

経営チームのみならず、組織全体でも、縦糸と横糸が交差すると、風通しがよくなります。

パナソニックは2017年に、パナソニックβという全社横断の独立組織をシリコンバレーに新設しました。この会社は、サッカーで言うと、ユース日本代表のようなもの。パナソニックの各部門から、20代後半から30代中盤までの若手のエースが選抜されてきます。

パナソニックβを率いる馬場渉《わたる》・執行役員が掲げるのは「タテパナからヨコパナへ」というキーワードです。従来型のパナソニックの組織は、事業部制に代表されるような縦割り、つまりは、「タテパナ」でした。それに対してパナソニックβが目指すのは、組織や職能を超えて横につながる「ヨココパナ」です。27万人の全社員の代表選手が縦横無尽につながることで、イノベーションを量産しようという試みです。

世界中のパナソニックから選ばれたメンバーは、シリコンバレーのオフィスで90日間、プロジェクトを推進します。その90日間で、覚醒するメンバーも多いそうです。日本の外に出ると、日本の個性やよさが見えてくるのと同じように、自分の部署から出ることで自分のスキルの活かしどころが見えてくるのです。馬場氏はこう語ります。

「自分がデザインチームに所属していると、同僚もみなデザインに優れているため、デザインだけでは価値を出せません。しかし、デザインが専門でない人が集まるパナソニックβのチームに入ることで、自らのデザインスキルがほかの文脈でいかに生きるかを実感することができるのです」

この他に、縦横のうまい組み合わせで、歴代最大の大ヒットを生み出した作品があります。それが、映画のアベンジャーズシリーズです。

全22作のフィナーレを飾った『アベンジャーズ／エンドゲーム』（2019年4月公開）は、グローバルの興行収入が3000億円を突破し、『アバター』を抜き歴代第1位となりました。22作全体の総収入は170億ドルを超えるなど、まさに歴史的なメガヒットです。

アベンジャーズシリーズの独自性は、複数のヒーローシリーズを横につなげて、組み合わせた点にあります。通常の映画は、『スーパーマン』、『スーパーマンⅡ』、『スーパーマンⅢ』というふうに縦軸に同じシリーズを深掘りしていくだけです。しかし、アベンジャーズシリーズでは、『アイアンマン』、『スパイダーマン』、『キャプテン・アメリカ』といった作品を続編展開して縦に深掘りしていくとともに、各シリーズが横軸で連携し、絶妙に絡み合っていきます。そして、すべてのスーパーヒーローが集結する決定版として2012年に『アベンジャーズ』を公開して、各シリーズのファンを引き付けました。

登場するスーパーヒーローだけでなく、作り手も多彩です。シリーズに関わった15人の監督のうち、スーパーヒーローものの経験者は1名のみ。残りは、無名のインディーズの監督を含めて、演劇、スパイ、ホラー、コメディなど、異なるジャンルのプロを起用しています。それによって、従来のスーパーヒーローものとは異なる、新鮮なストーリーや演出を生み出しているのです。[12]

コアなファンを抱えるスーパーヒーローというジャンルを縦に深掘りしながらも、ヒーロー同士を横展開させていく。さらにはバラエティあふれる才能たちをも横軸でつなげていく。その縦横の絶妙なバランスが、歴史的なヒットにつながったのです。

コネクトの法則3：文化的摩擦が大きいもの同士をつなげる

最後は、あえて「文化的摩擦が大きいもの同士をつなげる」です。

こんなことを言うと、「文化的摩擦があると、つなげてもインパクトを出す前にけんか別れしてしまうのではないか」という懸念の声が上がりそうです。

確かに、その恐れはあります。文化の対立によって、空中分解する組み合わせは少なくありません。しかし、その摩擦をどうにか乗り越えられた場合、似た文化の二者がくっついたときよりも、断然大きなインパクトを生み出す可能性があります。

ビジネスにおいても、似た者同士の融合から新しいものは生まれません。むしろ、文化的摩擦の多い異業界の組み合わせ（ソフトバンクとトヨタなど）や、文化が正反対の大企業とスタートアップの組み合わせの方が爆発力があります。

たとえば、大企業とスタートアップには主に次ページの図表2－4のような違いがあります。

大企業は、お金とブランドと守りの人材に恵まれていて、既存の事業を大きくするのがうまいのですが、社員の平均年齢が高く、スピードが遅く、ゼロから事業を生むのが苦手です。翻って、スタートアップは、若く、スピーディーで、攻めの事業創りがうまいのですが、お金とブランドと守りの人材が弱く、事業を一気にドカーンと大きくしていくのは不得意です。

図表2-4｜大企業とスタートアップの違い

	大企業	スタートアップ
資金量	多い	少ない
人材	守りに強い	攻めに強い
事業創出	10→100	0→10
スピード	遅い	速い
年齢	高い	低い
ブランド	強い	弱い

強みが真逆な分、両者の文化的摩擦は極めて大きい。しかし、だからこそ両者を組み合わせる必要があるのです。

単なるコラボを超え会社同士が結婚するM&Aにおいては、文化的摩擦は頂点に達します。ここにもまた、コネクトのヒントが眠っています。M&Aの成功のカギは2つ。「価値観の共有」と「独裁制」です。

この成功法則を見事に実践したのが、リクルートホールディングスでした。

日本企業が、ことごとく海外でのM&Aに失敗する中、2012年に約1000億円で買収した米国の求人情報サイト「Indeed」が急成長中。2018年度には、Indeedを軸とするHRテクノロジーセグメントは3269億円まで売上高を伸ばし、強力な成長ドライバーになっています。

この買収を実現し、現在、IndeedのCEOとして指揮をとるのが、出木場久征《いでこばひさゆき》さんです。彼は、買収とPMI（買収後の統合）を成功させるポイントとして「共通した価値観を持っていること」を挙げています。

「（Indeedの）創業者のロニーも私と同じで、売り上げよりも『テクノロジーでどう世の中を変えるか』を重視する人物でした。この考え方が近かったからこそ、仕事を抜きにしても友達になれて、今も一緒にやっていけるのだなあと実感しています。このように、価値観を共有できる会社と互いを尊重しながらパートナーシップを築くことが、M&Aの成功につながると私は考えています」[13]

とにもかくにも、これからの時代は、人種、言葉、価値観、習慣など、あらゆる多様性が増してくるだけに、より「価値観の共有」がカギを握るようになります。そこがかみ合っていれば、日常の文化の違いは乗り越えやすくなるのです。国際結婚と同じようなものかもしれません。

文化とは、いわば日常の行動におけるOSであり、無意識のルールです。自発的にボトムアップでわかり合うのはとても難しい。だからこそ、トップ自らが融合を率先していかなければなりません。その意味で、文化的摩擦が大きい組み合わせを実現するのに、独裁者は不可欠です。

リクルートによるIndeed買収も、出木場さんが独裁的なリーダーシップをふるえたことが成功の大きな理由と言えます。出木場さんはこう振り返っています。

「信じて任せるのが日本企業は苦手だと言われますが、リクルートはその逆です。今回のIndeed買収でも、私にすべての権限が委任されていました。『俺がリーダーなんだ』と認識させることで、買収後の運営もやりやすくなりました」[14]

日本企業はどうしても集団や稟議で決める形になりがちですが、編集思考によって組織の力を最大化したいのならば、最高の人材に最大の権限を与えなければなりません。リクルートの峰岸真澄CEOもこう語っています。

「リクルートという会社は本当に人に賭ける会社です。小さいレベルのことから、大きなレベルのことまで、本当に成功するかどうかを判断するときには、それをやる人を見極めることだと思うんですね。資本家が起業家にお金を出すのと一緒ですよ。戦略だけだったら、誰でも描ける。でも、その戦略で勝つには、どれだけ生きる力が強い人間に賭けるかだと思うんです」[15]

ソフトバンク、ユニクロ、Amazon……強烈な企業には、強烈な独裁者がいます。『スター・ウォーズ』『トイ・ストーリー』『千と千尋の神隠し』など、強烈な映画には、監督・プロデューサーという強烈な独裁者がいます。しかし、ただ独裁者であればいいわけではありません。よい編集を行うのに必要なのは、「柔らかい独裁者」です。

柔らかい独裁者は、頑固おやじとは異なり、さまざまな人の意見を聞きいいところを取り込んでいきます。忖度の嵐とならないよう、態度を柔らかくし、率直に意見を言ってくれる人を確保する。そして、全員から議論を引き出し周りを活かしつつ、決定は1人で行う。その決断も、誤っていたと思ったら柔軟に変える。これが「柔らかい独裁者」のあり方です。

文化的摩擦が大きい組み合わせをもう1つ挙げておきます。ソフトウェアとハードウェアです。プログラミングの世界とものづくりの世界と言い換えてもいいでしょう。

この2つの世界は真逆なところがあります。1人の天才がプロダクトを創れる世界と、チームプレーの世界。まず作ってみる世界と、完璧でないといけない世界。日進月歩で若者が強い世界と、経験が活きやすい玄人の世界。この2つの世界を大胆につなげて、過去10年でもっとも稼いだのが、独裁者のスティーブ・ジョブズが率いたAppleです。

GAFAの中では、Googleも、Facebookも、ソフトウェアを軸としていて、ハードウェアは強くありません。それに対して、Amazonは物流や本・商品といった「リアルなモノ」も押さえています。Appleに至っては、プロダクトというハードを持つのみならず、Apple Storeという「リアルな場所」も世界中に持っています。ソフトとハードは文化がまったく違うだけに、ここをつなぐと頑丈な生態系を創れるのです。

日本企業がこれから世界で勝つためのカギも、ソフトとハードのかけ合わせにあります。日本が強いロボット分野をAIとつなげる。日本のお家芸である自動車をソフトウェア制御や自動運転とつなげるなど、両極にある文化の接続がモノを言います。

今後、コンテンツ世界で起きるのが、活字と映像の融合です。両分野も近いようで、遠い。文化の摩擦が大きい領域です。

日本のメディアは系列化されており、フジテレビと産経新聞、テレビ朝日と朝日新聞、ＴＢＳと毎日新聞、日本テレビと読売新聞というタッグ関係がありますが、活字（新聞・出版）と映像（テレビ・映画）の両分野を縦横無尽に越境する人はほとんどいません。組織が大きく縦割りになっているため、個人の中でスキルが融合しにくいのです。

活字、映像、イベント、音声など、越境型のコンテンツを生み出せる人のニーズが高まるのは間違いありません。

ここまで「古いものと新しいものをつなげる」「縦への深掘りと横展開でつなげる」「文化的摩擦が大きいもの同士をつなげる」の３つのコネクトの法則を紹介してきましたが、これら３つのコネクトの法則は、とりわけ日本において有効です。

長い伝統を持っているため、「古い×新しい」の組み合わせが無数にあり、縦割りがはびこっているため、横串を刺すことで解き放たれるポテンシャルが大きい。また、文化的摩擦を嫌うため、つながることで価値が跳ね上がる領域が放置されています。編集思考を持った人間にとって、こんなおもしろい素材が残っている国はありません。

アイデアを組織の政治につぶされない5つのヒント

優れたアイデアが生まれれば、最後に大事になってくるのは「利害関係をつなげる」ことです。第1章で論じたように、日本の組織は縦割りになりやすい性質を持っています。だからこそ横串で新たな価値を生み出す人材が必要なわけですが、ここで重大な問題が発生します。縦割りの組織では、横串でつないだ斬新なアイデアが評価されづらいのです。

とくに大企業ではいいアイデアがありながらも、社内でつぶされてしまったという事例は枚挙にいとまがありません。

政治は個別解ですので、「こうすればいい」という普遍解はないのですが、ヒントはいくつかあります。多くの大企業を取材し、歴史ある出版社でも長く働いた私の考える「5つのヒント」を紹介しましょう。

1つ目は、「既存のビジネスや部署を害するようなアイデアにしないこと」です。

編集思考によってたくさんのアイデアが湧いてくると思いますが、あえて社内の既存事業に挑む必要はありません。こう言うと、「社内の事業に挑んでこそ、イノベーションのジレンマを超えられるのだ」という反論もあるかもしれません。トヨタが、新車販売にマイナスの影響があったとしてもカーシェアリングを始めるのはジレンマを乗り越える好例でしょう。しかし、そうした社内でハレーションを生む決断ができるのは、社長、とくに創業社長だけです（トヨタも豊田章男社長だからこそ可能なのです）。それ以外の人間であれば、十中八九つぶされるでしょう。若ければなおさらです。とくに大企業は素材の宝庫ですので、既存事業とかち合わないアイデアをいくらでも出せるはずです。アイデアを実現まで持っていくためにも、社内での大きなコンフリクトは避けたほうがいいでしょう。多少のコンフリクトはかまいませんが、それが大きすぎると、実施できたとしてもどこかでつぶされてしまいます。それでは、誰もハッピーになりません。

2つ目は、「バズワードを確信犯的にフル活用すること」です。

AIが話題になれば、AIに関する事業を考案してみる。新分野は社内に詳しい人が少ないので、コンフリクトが生まれにくいからです。バズワードに乗った表面的な事業が生まれているときこそ、誰よりも真摯にその分野を深掘りして、骨太な事業を生み出すべきです。

最近は、各企業でイノベーション担当部署が生まれていますが、掛け声だけで行動が伴わないケースも多々あります。そうしたときに、キラリと光る新規事業を打ち出せば、社内に歓迎してもらいながら前に進められますし、失敗しても大目に見てもらいやすい。

最近の潮流として、新規事業を起こせる人を出世させよう、評価しようという傾向は強まっていますので、バズワードを確信犯的にうまく利用し、しがらみのないフロンティアで挑戦すればいいのです。

3つ目は、「問題を抱えている部署や事業に目をつけること」です。

若い人には不人気部署や不振事業を担当することをお薦めしています。そうした領域であれば、若くても大役を任せてもらいやすいですし、周りにも嫉妬されません。しかも、問題事業はこれ以上悪くなりようがなく、逆にアップサイドは大きいため成功したときのインパクトも大きいのです。

私自身も、このコツを忠実に実践しました。30歳で留学から帰ってきて以来、2年間『週刊東洋経済』編集部で特集担当をしていたのですが、やりたい特集をやり尽くし、少し飽きていました。

そこで目をつけたのが、「東洋経済オンライン」です。

今でこそ国内経済誌サイトトップになっていますが、当時は、日経ビジネスオンライン、ダイヤモンド・オンラインといったライバルに大きく水をあけられていました。そこで、ネット媒体であれば、32歳でも編集長を任せてくれるのではないか、しがらみなくやりたい放題にやれるのではないか、と考えて当時の上司にかけあったところ、異動を許してもらえました。

成長のためにやるべきことは明確でしたので、あとは実行あるのみ。「50代から30代へとターゲットを下げる」「ネットのオリジナルコンテンツを増やす」「コンテンツの配信先を増やす」などの戦略を組み合わせて、ページビューを引き上げることができました。一言で言うと、私がすごかったわけではなく、負けない戦いだったのです。株式で言うアンダーバリュー（割安）な事業は必ず存在しますので、それを探し出せばいい。掘り出し物は意外とたくさんあるはずです。

4つ目は、「社外の有名人や有名企業やブランドと組むこと」です。

今は、猫も杓子も「オープンイノベーション」を謳《うた》っていますので、これまでよりも社外と組みやすくなっています。社外で名のある人と組めば、社内で企画が通りやすいですし、失敗したときにもその人のせいにできます（笑）。社外にいいパートナーを探し、巻き込んでいくためにも、つねに社外にアンテナを張り巡らせていかないといけません。編集のための素材を、常日頃からストックしておくことが大切です。

とくにあなたが大企業で勤めているのなら、狙い目はスタートアップの経営者や幹部です。スタートアップはどこかで飛躍するときに、必ず大企業の資本やブランドや人材を必要とします。大企業と組みたいと思っている人や企業はごまんといます。

さらに、メディアも巻き込めるとなおいいでしょう。メディアは外部の評価機関のようなもの。社内では認められなくても、メディアで認められると、「世間に認められている」感が出て、応援・評価されやすくなります。だからこそ、メディアの知人は大事にしたほうがいい。メディア側も新しいネタをつねに欲していますので、とくに自分と年代の近い記者や編集者を探して（大学時代の同期などはベスト）アプローチしてみてはどうでしょうか。

５つ目は、「会社を辞める覚悟でやること」。実は、これがいちばん大切なポイントです。辞める覚悟があれば怖いものがなくなりますし、迫力が出てきます。背水の陣を敷けば、火事場の馬鹿力が出ます。それに、もしあなたが社内で評価されている社員であれば、会社も上司も「あなたが辞めるとまずい。責任問題になりかねないし、会社にとってマイナスだ」と考えるでしょう。辞めるという覚悟自体が、強いカードになるのです。

おもしろいもので、優等生として上司の顔色をうかがうよりも、出世を考えずに思い切って取り組むほうが、結果的に出世につながったりします。たとえ失敗に終わって社内での評価が一時的に下がっても、その経験は中長期的に活きるはずですし、会社の外のオープンな市場ではむしろポジティブに評価される可能性もあります。

この５つのヒントで伝えたかったことは、「個人の利害」と「会社の利害」と「世間の利害」を、うまくつなげなければいけないということです。これは、一言で言うならば政治です。

日本の歴史上、最高の外交官の１人と言われる陸奥宗光《むつむねみつ》は「政治なるものは術（アート）なり、学（サイエンス）にあらず」という名言を残しています。利害関係をつなげる政治の仕事は、単に論理だけでは片付けられないところに、そのおもしろみがあるのです。

すべてをフラットにつなぐオープンなリーダーシップ

よく、日本の大企業の人から「どうせ私には権限がないから、何もできない」「上司とそりが合わないので、何を提案してもムダ」というセリフを聞きますが、それはとんだ勘違いです。

これまでの日本社会では、編集思考を披露する舞台は自分が勤める会社だけでした。つまり、会社の中でリーダーにならないと、編集思考で物事を横串でつなぐことは難しかった。

しかし、今は猫も杓子もオープンイノベーションを唱える時代です。自分の会社をハブとし、外とつながることが社内的にもプラスに評価されやすくなっています。

政治をしたたかに攻略し、今の組織の「中」でリーダーになってもいい。あるいは、自分の組織と「外」の組織をつなげるリーダーになるのもいい。

会社だけに所属する時代は終わりました。学校のPTAのリーダーになったり、自ら趣味のグループを立ち上げたり、仕事以外の場でもリーダーになれるチャンスはあふれています。

そうした実践から得たスキルは、組織の中でも、あるいは組織を移ってからも重宝されます。今いる組織の論理にとらわれすぎてはいけません。編集思考で「縦割り病」の閉塞感を打ち破る「オープンなリーダー」を、あらゆる組織が求めているのです。

プロモート：届ける

ここまで「セレクト（選ぶ）」「コネクト（つなげる）」を紹介してきましたが、実際に生まれたものをどう外に向けて表現するかを考えるのが「プロモート（届ける）」のステップです。

いかにいい素材を使ったおいしい料理であっても、見た目がまずそうだったら食べる気が起きません。それはモノでも事業でも、ストーリーでも同じです。

それに加えて、適切なものを、適切な対象に、適切なタイミングで届けないといけません。現代のように情報やモノがあふれる時代には、どう対象のよさを引き出して届けるかが、よりいっそう重要になっています。現代において重要なのは「3つのT」、すなわちTimeline（時間軸）、Thought（思想）、Truth（真実）です。

プロモートの視点1：Timeline（時間軸）

1つ目のTはTimeline、時間軸です。

優れたプロデューサーや編集者やマーケターほど、時間軸にこだわります。いかに素材をうまくつなげても、タイミングを誤るとすべてが水泡に帰すことがよくわかっているからです。

この時間軸を編集する力は、戦略と経験とセンスと運がモノを言うアートです。

ピコ太郎さんの動画作品「ＰＰＡＰ」は、時間軸が見事にはまりました。以前ピコ太郎さんのプロデューサーである古坂大魔王さんにＰＰＡＰのグローバルヒットの秘密を聞いたとき、彼が掲げていたキーワードが、「多面的、一極集中、スピーディー」でした。

ＰＰＡＰは次のような時間軸で、わずか1ヶ月でグローバルヒットへと上り詰めていったのです。

1）２０１６年8月25日にＰＰＡＰの動画をYouTubeにアップすると同時に、知り合いのアーティストやアイドル、芸能人につぶやいてもらって拡散

2）文化祭シーズンだったため、「何かおもしろいものはないか」と探していた女子中高生が飛びつく。まずMixChannelという女子高生に人気のアプリで1位に

3）人気がYouTubeに飛び火。そこから、まずはタイ、韓国、台湾などのアジア各国に広がる

4）欧州、米国にも波及し、9月25日には米国の9GAGというサイトが大きく取り上げる
5）9月28日にジャスティン・ビーバーが「自分の大好きな動画」とつぶやいたことで（12万いいね！を獲得）、全世界ヒットへ[16]

もちろんすべてが計算ずくとは言いませんが、文化祭のタイミングでアップしなければ、ジャスティン・ビーバーに届くこともなかったでしょう。丁寧かつ戦略的なTimelineがあってこそのグローバルヒットだったのです。

どんな時間軸がベストかについて、正解はありません。もっともありがちなのは、サービスやプロダクトの発売日に集中砲火的にCMやSNSなどで露出を増やす手法ですが、これは以前より効きにくくなっているように感じます。

最近、一瞬話題になって盛り上がるものの、1年後にはどうなったか誰も知らないようなサービスが増えています。まさに、一発屋の芸人のようです。

それよりも、地道にゆっくり情報を出し、コミュニケーションを交わし、ファンのベースが整ってから、大規模な露出に打って出るほうが結果として長生きすることはよくあります。短気は損気。急ぎすぎることが仇となることもあり得ます。

今は情報量が激増しているため、集中砲火で尖らないと「そもそも知ってもらえない」という事情はあります。ただし、あまり熱狂を作りすぎると飽きが来ます。熱狂したものは、冷めるのも早

い。消費されやすくなってしまうのです。

以前、財務省出身の自民党の若手政治家に「なんでもっとネットを活用しないんですか？　駅に辻立ちしたり、会合に出たりするよりも、メディアに出まくったほうが費用対効果がよくないですか？」と聞いたところ、次のような回答でした。

「ネットなどのメディアを見て支持してくれた人は、離れるときも早い。それでは逆風が来たときに勝てない。長く議席を保つためのポイントは、逆風が吹いているときでも勝てるかどうか。そのときに、自分の味方になってくれるのは、リアルでの付き合いの深い方々なのです」

短期的な空中戦で寄ってきた人は、あらたな空中戦によって去っていく。空中戦の勝利は、長期的な勝利を約束しません。だからこそ時間軸を最初から意識し設計しておく必要があるのです。

プロモートの視点2：Thought（思想）

2つ目のTはThought、思想です。ここでいう「思想」は大学の哲学の講義で学ぶ、現代思想、近代思想といったアカデミックなものではなく、もうちょっと俗っぽいものをイメージしてください。英語でいう「ビッグアイデア」や「コンセプト」などが近いかもしれません。Thought は単なる思いつきの「アイデア」ではなく、深い思考を経て体系化されたものであり、より長い時間軸で通用するものです。

たとえば、2001年に、当時ゴールドマン・サックスのエコノミストだったジム・オニールが提唱した「BRICS」は1つの Thought と言えるでしょう。「ブラジル、ロシア、インド、中国といった新興国の時代が来る、世界経済の中心が変わっていく」という大きな潮流を世界中に知らしめた「BRICS」はその後、一般用語として定着しました。

ビジネス界で言うと、「ニューリテール」も1つの Thought です。この言葉はアリババ創業者のジャック・マーが提唱したもので、端的に言うとテクノロジーとデータを駆使して、オフラインとオンラインを融合した優れた顧客体験を生み出すことです。アリババ自身がその思想を体現し、そのトレンドは世界中に広がっています。本質を突いたこの思想は、まだまだ廃れることはないでしょう。

日本でもっとも思想的な企業は、無印良品（良品計画）だと思います。商品1つひとつだけでなく、その全体に思想が貫かれています。それゆえ、どの店に行っても、どの商品を手に取っても、どのサービスを受けても、無印を感じることができるのです。

無印良品のアドバイザリーボードの1人である原研哉さんは「無印良品とは、単なる製品を超えた1つの思想」と語っています。

「『豪華に引け目を感じることなく誇りをもって簡素であること』『無駄を省いていくことによって、豪華なものよりもっと素敵に見える』といった、グラフィックデザイナーの田中一光氏が提案した考え方を引き継いでアートディレクションを担当しています。このような思想を広げていくために、たくさんの言葉を費やして説明するのではなく、『無印良品に触れた人が自然にその思想に気がついてくれる』というコミュニケーションを目指しています」[17]

無印が立ち上がった1980年はまさにバブル真っ盛りで、日本にモノがあふれていました。そんな時代に、「これがいい」ではなく「これでいい」というコンセプトを掲げ、簡素な豊かさを打ち出したところに、無印の流行に左右されないしなやかさがあります。

しかもその思想を、考案者の堤清二（セゾングループ元代表で小説家）とデザイナーの田中一光が去った後も引き継ぎ、言語化し、進化させている。今も、原研哉、深澤直人、小池一子、杉本貴志、須藤玲子の5人のクリエーターがアドバイザリーボードに所属し、経営と思想をすりあわせる体制をとっています。

もう1つ秀逸な思想の例は、スターバックスの「サードプレイス（第三の場所）」です。私自身、学生時代に3年ほどスターバックスでアルバイトしていたのですが､働きたいと思ったきっかけは、この「サードプレイス」という思想にありました。芯の通った思想は顧客だけでなく、従業員も引き付けるのです。

もともと、「サードプレイス」とは、社会学者のレイ・オルデンバーグが「コミュニティの核になるとびきり居心地よい場所」という意味で用いた言葉です。

その言葉を気に入ったスターバックスのハワード・シュルツが、その思想を広める伝道師となりました。スターバックスができた1987年当時、米国ではレーガン改革で規制が緩和され、競争が活発化。古きよきコミュニティとしての職場の役割が薄れてきていました。家庭でもなく、企業でもなく、第三の場所が欲しい、という社会的なニーズにぴったり合ったのです。

その波が数十年遅れで日本にもやってきました。コミュニティとしての会社の存在意義が薄れ、フリーランスとリモートワークが興隆し、サードプレイスとしてのスターバックスへのニーズも高まりました。

サードプレイスの需要は今後も増えていきますが、思想としてサードプレイスを掲げるスターバックスの地位は揺るがないでしょう。

英語でThought Leadershipという言葉がよく使われますが、思想でどう周りをリードできるかは、人や企業の競争力を大きく左右します。

理念の国である米国は、とにかくThoughtを出すのがうまい。この思想のリーダーシップこそが、米国企業の最大の強みです。

米国ではシンクタンクがさかんですが、シンクタンクとはまさしく、思想を売っている機関です。常日頃から「思想の競争」が繰り広げられているところが、米国の思想力の土台になっています。ちなみにドナルド・トランプ大統領は、気の利いたコメントを出すのはうまいですが、それが体系だっていないという点で思想は弱いと言えます（彼はシンクタンクと距離を置いています）。

日本の場合、シンクタンクがそもそも少なく、政策を立案するにしても、官僚に頼らざるを得ません。官僚は思想的なセンスに乏しいケースが多いため、政策のコピーも無機質な広がりのないものになりがちです。「働き方改革」、「ホワイトカラーエグゼンプション」など、政策のコピーやネーミングからしてイケていないという印象を持つのは私だけではないでしょう。

Thoughtを練り上げるには、相当なセンスと知的体力と情熱が要求されます。

第5章で詳述しますが、こうしたThoughtの力を磨くためにも、歴史や哲学に裏打ちされた教養が欠かせないのです。

プロモートの視点3：Truth（真実）

最後にもっとも大事なTが、Truth、真実です。嘘をつかないだけではなく、その人のありのままの姿を、取り繕わずに伝えていくということです。

インターネットやSNSが存在せず、情報の流れが画一的で一方通行だった時代は、情報をかなりコントロールすることができました。隠し事をしたり、お化粧して水増ししたりしても、バレることはそんなにありませんでした。

しかし現代は、秘密を秘密のままにしておくのが難しい時代です。ヒトやモノやコトをよく見せようとしても、いつかメッキは剝がれます。当初の印象がよければよいほど、実像とのギャップが大きくなり、信頼を失いやすくなってしまいます。

素材がいいのなら、加工しすぎずにそのまま出すのがいちばんですが、メディアを通すとそれが難しい。たとえば、落合陽一さんはある時期まで、他者に変な加工をされて、まるで宇宙人かのように誤解されている面がありました。

そうしたイメージを変えるため、「WEEKLY OCHIAI」という番組で、台本もなしで彼が話したいように話してもらい、さらに『日本再興戦略』という本を通して、彼がいかに大きなビジョンを持ち、日本全体のことを真剣に考えているかを語ってもらいました。彼が、東洋思想からテクノロジーからアートから政治経済まで、深い教養を持っていることを伝えたかったのです。

三流の創り手は、最初からストーリーを用意し、そこに台本どおりに埋め込もうとします。二流以上の創り手は、意図せざる話をむしろ楽しんで、自分と異なる意見も入れ込んでいきます。さらに、一流の創り手になると、この方向が違うと思ったら、これまでの自分の仮説を遠慮なく捨てていきます。そしてあらたな仮説、ストーリーを生み出して、納得いくまで練り直していきます。

相手が自分の仮説を上回っていたら、その才能に嫉妬せずにひれ伏す。数々の編集者を見てきた立場から言うと、浅薄なプライドは、編集思考にとって最大の敵です。あくまでも編集は素材ありきなのです。

真実を伝える上で、今後より重要になるのは、「しゃべり」です。これからは語る力、とくに対話する力が欠かせません。

2020年以後は、5G（第五世代移動通信）の普及によって映像でのコミュニケーションがますますさかんになりますし、AIスピーカーの浸透により音声の存在感も増していきます。これまでのインターネットはテキストが中心でしたが、これからはテキストに映像や音声やVRなどが加わったポストテキストの時代に突入します。

語りはその人の本質をあらわにするだけに、「この人は本音っぽい」と、表情や口調や声色から感じてもらえるかが、信頼を大きく左右します。人にしろ企業にしろ、外面と内面に統一感があって、言葉やしゃべりや行動に嘘がない。そう感じてもらうことがプロモーションの肝なのです。

エンゲージ：深める

プロモートの話は一旦終了ですが、編集思考はこれで終わりではありません。10年前までは、プロモートの「届ける」ところで編集者やプロデューサーの仕事は終わっていました。しかし今では、届けるのは終わりでなく、あくまで始まりです。届けた後に、どういい関係を築いていくかが重要になっています。

エンゲージ、すなわち「深める」が編集思考の最後のポイントです。

サブスクリプションとは顧客との「婚約」である

エンゲージという言葉には、関与する、関係を深めていく、といった意味があります。日本では、「エンゲージメントリング（婚約指輪）」という言葉から、婚約という意味を思い浮かべる方も多いかもしれません。婚約もあくまで結婚の始まり。そこからいい夫婦関係を長く築けるかがポイントなのと似ています。

エンゲージメントの高まりを象徴するのが、サブスクリプションモデル（利用期間に応じて定額料金を支払うモデル）の興隆です。

従来の単発取引の場合、企業と顧客は単発の短い関係にならざるを得ませんでした。一度きりの取引であれば、企業側はできるだけ高く売り抜けて、顧客はできるだけ安く買い叩こうとしがちです。双方がウィンウィンとならないケースもよくあります。

それに対して、継続的取引を前提とするサブスクリプションの場合、企業と顧客は互いに支援し合うパートナーのような存在となり、より長く深く付き合うことになります。したがって、最初の取引をきっかけとして、いい関係性を築けるかが最重要ポイントとなるのです。

具体例でいえば、配送料が無料になるAmazonプライムがいちばん身近でしょう。他にも映像配信のネットフリックス、ダゾーン、Hulu、音楽配信のSpotify、Apple musicといったコンテンツサービスから、服が借り放題の「メチャカリ」、高級バッグ借り放題の「ラクサス」などあらゆる領域に広がっています（2019年7月時点）。

サブスクリプションモデルは、実はメディア業界に源流があります。17世紀に英国の辞書が定期購読モデルを採用したのが始まりです。

それまで書籍は裕福なパトロンからお金を出してもらって刊行するのが一般的だったのですが、出版のたびに資金集めをするのは手間がかかるため、出版前に読者からお金をもらうモデルを編み出したのです。

その後、18世紀に入ると、ジェイン・オースティン、エドマンド・バーク(『フランス革命の省察』で有名)、デイヴィッド・ヒュームといった知識人もサブスクリプションに追随。文学・社会評論の分野でも定期購読が広がっていきました。

定期購読のお金を払った人間は、書籍の中で名前を紹介してもらえることもあり、社会的な名声を求める資産家などがこぞってお金を出しました。そして19世紀に入ると、新聞、雑誌などが定期購読モデルを導入し、世界中に拡大していったのです。

このモデルを世界でもっともうまく活用した業界の1つが、日本の新聞社です。今なお世界の新聞部数ランキングで読売新聞はトップに立っていますが、これもひとえに定期購読モデルと個別宅配がうまく機能してきたからです。

ちなみに、NHKはある意味で世界最強のサブスクリプション企業です。毎月2230円の受信料(衛星放送も含む場合)が自動的に入ってくるわけですから。

そうしたメディア業界中心だったモデルが、インターネットの発展によりあらゆる業界に適応しやすくなりました。

今やサブスクリプションエコノミーはビジネスの中心にあります。クレディ・スイスの推計によると、米国では2000年に約25兆円だったサブスクリプションへの支出が、2015年に約50兆円に倍増しています。「サブスクリプションを制すものが、ビジネスを制す」と言っても過言ではありません。

エンゲージメントを深めやすいサブスクリプションは、メディア業界から始まりました。だからこそ、編集者はエンゲージのプロとも言えます。編集思考とエンゲージは切っても切り離せない関係にあるのです。

エンゲージの4C

サブスクリプションモデルが象徴するように、エンゲージには4つのポイントがあります。それは、コミュニケーション（Communication）、コミュニティ（Community）、コンシステンシー（Consistency）、カジュアル（Casual）。これを、「エンゲージの4C」と呼びましょう。

製品やサービスは絶え間なく進化していくため、単なるクオリティだけの勝負になると、いずれライバルに追いつかれてしまいます。

そこで、より深いエンゲージメントを築くための切り札となるのが、コミュニケーション（Communication）です。今流行っているサービスには、ほぼ必ずコミュニケーションの要素が埋め込まれています。

たとえば、メルカリ。これはただ、安く中古品を買えるだけでなく、自分の商品を出品して、お客さんと価格交渉をしながら売るというプロセスに、コミュニケーションが埋め込まれています。昔の商店街で交わされていたような「おばちゃん、これちょっと負けてよ」「わかった！　2つで300円引き！」といった会話がネット上で繰り広げられているわけです。

サブスクリプションから一旦離れますが、LINEやFacebookといったサービスも電話を置き換えたコミュニケーションですし、TikTokも動画を通じたコミュニケーション、AKBもファンとアイドルのコミュニケーション、ポケモンGOもゲームを通じたコミュニケーションです。WeWorkはリアルで人と交流するコミュニケーションの場であり、スポーツで流行りのバスケットボールのBリーグも、ファンと選手のコミュニケーションにあふれています。

古典的な例では、銀座のクラブも場や酒の価値というよりも、そこでのコミュニケーションに高いお金が支払われています。深いエンゲージメントを築くのにコミュニケーションは必須なのです。

サブスクリプションのメリットは、ユーザーとの関係が1回限りで終わることなく、メールやスマホのプッシュ通知やコンテンツを通じ、継続してコミュニケーションできることです。ネットでつながれば、ユーザーデータも随時捕捉できます。そのため、ユーザーの動向を踏まえながら、絶え間なく改善することができますし、ユーザーごとのパーソナライズもできます。

いい夫婦や家族は会話が多い。逆にすれ違いの多い夫婦や恋人は早晩破局します。同様に、よいサブスクリプションサービスでは、顧客との接点が多くあります。もちろん、コミュニケーションは多ければいいというわけでなく、質が大切です。相手のかゆいところに手が届くようなきめ細かなコミュニケーションが欠かせません。

そうして良質なコミュニケーションを繰り返すと、2つ目のキーワードである「コミュニティ(Community)」の形成につながっていきます。

コミュニティは高コスト。だがやるべき

近年ビジネスの場でよく耳にする「コミュニティ」ですが、どうすればよりよい場として育てていくことができるのでしょうか？　その仮説を知るためにぜひ読んでほしいのが、クリエーターエージェンシー、コルクの創業者である佐渡島《さどしま》庸平《ようへい》さんの著作『WE ARE LONELY, BUT NOT

図表2-5｜ファンコミュニティの〈質×ファン数×深さ〉

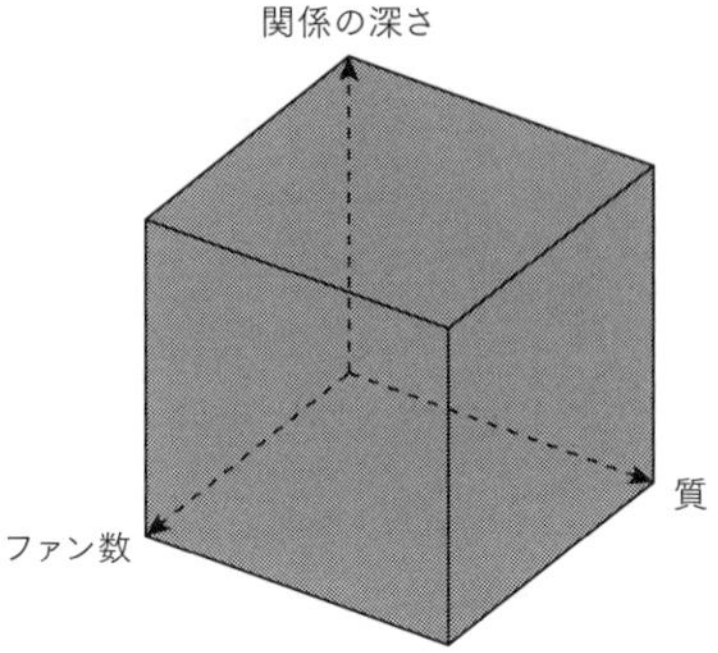

出所｜『We Are Lonely, But Not Alone.』（ニューズピックスブック／幻冬舎）

ALONE.』です。佐渡島さん曰く、ファンコミュニティは「関係の深さ（親近感）」「質」「ファン数」の3つの次元で定義されます（図表2−5）。

この3つを丁寧に育んでいくことが、長く愛されるコミュニティを創るためのポイントです。関係の深さと質が高まれば高まるほど、ユーザー同士のコミュニケーションも活発化して、自律的にコミュニティが発展するようになるのです。

この「関係性」の深さと質を高める上で、これからますます重要になるのが、「リアルな場を持つこと」です。手触り感の伴うリアルな場を持つ価値がどんどん高まっていくと、私は確信しています。

今後は、コミュニケーションの基本はウェブ、デジタルになりますが、そこにリアルな何かがつながるだけで、コミュニケーションが立体的になり、深みが出てきます。ネットやデジタルは効率性においては最高なのですが、エンゲージという点では、リアルと組み合わせたほうが効果が上がりやすいのです。

たとえば、最近オンラインサロンに注目が集まっていますが、オンラインだけではコミュニティの普及は限られてしまいます。今のところ、オンラインだけでは、どんなに工夫してもこぼれ落ちてしまうものが多いからです。

今でも、ユーザーとの強い信頼関係で結ばれているモノやサービスや企業は、リアルな何かを持っています。Appleがあれだけカルト的なファンを抱えているのは、プロダクトの力はもちろん、Apple Storeの存在と無縁ではありません。キリスト教に教会があり、神道に神社があり、仏教にお寺があり、イスラム教にモスクがあるように、祝祭空間が信者には必要です。

ディズニーも、ディズニーランドやグッズも持つことによって、エンゲージメントをぐっと深めています。ＡＫＢにとってのＡＫＢ48劇場、吉本興業にとっての吉本新喜劇、宝塚歌劇にとっての宝塚大劇場にも似たようなことが言えます。トヨタを筆頭に、自動車会社は未だにショールームを全国に張り巡らせていますし、ユニクロも実店舗がブランドイメージを形作っています。

デジタルに機軸を置くＺＯＺＯは自社ブランドを発売し、打倒ユニクロを狙いましたが、けんもほろろに打ち砕かれました。一時は隆盛を誇ったソニーやパナソニックのブランドが色あせてしまった一因は、家電量販店が強くなり、その販売網に頼りすぎたことにあります。両社のブランドを体感できる場が少なくなってしまい、ファンとのつながりが薄くなってしまったのです。

リアルな場を持つのは、手間とお金がかかる上、短期的には収益にプラスに働きません。それだけに、「すぐには実を結ばなくとも、ユーザーとのエンゲージを高め、長期的な利益につなげるためにやる」といった、企業や個人の覚悟と思想が試されるのです。

エンゲージメントの時代は一貫性が問われる

エンゲージメントを高めるには、信頼と共感が大切です。みなに好かれる必要はまったくありませんが、ターゲットとする顧客や従業員からの信頼と共感を得られないと、長く深い関係を築くことはできません。

その際に問われるのが、一貫性、つまりは、コンシステンシー（Consistency）です。プロモートの「Thought」「Truth」とも相通じますが、本音なのか、本物なのか、嘘がないのか、言動には通底する思想があるのか、その一貫性が問われているのです。

今の時代は、カッコよく加工しやすい時代です(Instagramはその典型です)。そういう時代だからこそ、なおさら一貫性の価値が上がっています。

現代は変化が激しいので、戦術や戦略は臨機応変に変えていかないといけません。しかし、変化が激しいからこそ、日々の行動の基準となる思想や哲学の一貫性がこれまで以上に問われます。意見は変えていいですが、思想や哲学は容易に変えてはいけません。

ネットやリモートワーク中心の時代だからこそ、リアルで出会ったときの一貫性が決定的に重要になります。ネット中心のサービスも、リアルでの顔を持つことによって、一貫性を示しやすくなるのです。

リアルでの活動はいわば畑を耕すのに似ています。土を耕して、種をまいて、肥料をまいて、日々、虫がつかないようにケアして、収穫して、出荷してというサイクルを繰り返していく。とにかく手間がかかります。

しかし、続ければ続けるほど土地は豊かになり、いい作物が育ってくる。本物になって、一貫性が出てくる。そこで育ったものを売るだけでなく、人にシェアすることにより、新たな人とのつながりも生まれてくる。おいしい作物を作れば、他の作物と一緒にいろんな食卓で料理されて、おいしい料理へと育っていく。リアルでの活動は時間がかかる分、そこから得られるものが二重三重と濃いのです。

ザッカーバーグには「顧客」がいなかった

翻って、デジタル空間のみで完結するサービスは、ブランドやエンゲージメントに限界が生じます。GAFAで言うと、GoogleやFacebookはリアルに橋頭堡《きょうとうほ》がないため、強烈なファンが生まれにくい。ちょっとしたきっかけで信頼関係が崩れるおそれがあります。

昨今のバッシングには、Facebookのエンゲージメントの弱さが垣間見えています。ユーザーとより関係が深ければ、ここまで叩かれることはなかったのではないでしょうか。Facebookの肩を持つ勢力がもうちょっと大きかったように思います。

Facebookには顧客がいそうでいません。ユーザーや広告主の数は多いですが、深い顧客はいません。Facebookのユーザーは友人同士でつながっているだけで、Facebookとのつながりを感じているわけではないのです。それに対して、Appleの熱狂的なユーザーは、アップル製品を使っているときに、ジョブズとのつながりを感じたでしょうし、ジョブズもまたしかりでしょう。

このザッカーバーグの孤独をうまく描いていたのが、映画『ソーシャル・ネットワーク』です。監督であるデヴィッド・フィンチャーはジョブズと対比させながら、ザッカーバーグについてこう語っています。

「Appleのスティーブ・ジョブズは彼の製品デザイナーとだけでなく、彼の製品を競合製品よりも高い値段で買っている人たちとも関係を持っている。〈中略〉マーク（・ザッカーバーグ）が払う犠牲というのは、夢がかなうことに伴う恐ろしいほどの責任に気づかざるを得ないということだと思う。何かに卓越したければ、たとえばマラソンなら、次の一周は何秒か短縮し、さらに贅肉を落としさらに強くならなければならない、ということを彼は学んだ。マークはそれを実行し、最後には何億ものユーザーをもつ男になるだろう。でもそれは、他の人たちが祝杯をあげているときに、彼は夜中まで働かなければならないことを意味する。彼は独りぼっちなんだ。彼は望みをかなえた。でも映画の冒頭のシーンと同じくらい孤独なんだ。誰も、彼ほど懸命に、長時間にわたって努力しようとはしないし、彼ほど深く一途に物事を考えていないからね」[18]

2017年、ザッカーバーグは、多忙を極める中、米国の全土（25州以上）を行脚しました。サウスカロライナ州の教会、オハイオ州の薬物中毒者更生施設、ウィスコンシン州の畜産農家など、普段は縁のない場所を訪れて、ユーザーの直接の声に耳を傾けました。こうした活動を行うのも、日々の仕事の中で、ユーザーと直接つながっていないという問題意識があったからではないでしょうか。

近年、Amazonが、Amazon Echoなどのハードを強化し、小売であるホールフーズを買収し、Amazon Books、Amazon Go（コンビニ）などを拡張しているのは、リアルの重要性の高まりを示唆しています。物流拠点としての活用、リアルなデータの取得という狙いもありますが、自社ブランドの強化や、ユーザーとのエンゲージメントを深める意図もあるはずです。中国のアリババはすでにスーパー「フーマフレッシュ」の経営まで行っており、Amazon の先を進んでいるとも言えます。リアルとネットをどう編集するかが、企業戦略のコアとなっているのです。

「深く濃密」ではなく「つかず離れず」がいい

ここまで述べてきたエンゲージの法則を踏まえると、「とにかく深く、密度濃く付き合うのがいい」と思うかもしれませんが、それは私の本意ではありません。大切なのは、つかず離れずの絶妙な距離をとるということ。キーワードはカジュアル（Casual）です。

これからの世の中は、よりフラットで柔らかい関係がベースになります。たとえば、サブスクリプションで言えば、一度登録したら是が非でも継続させようと電話しないと退会できないようなサービスもありますが（海外のメディアに多い）、あれは完全に逆効果です。「二度とこんなサービスに入るか！」という気持ちになるのは私だけではないでしょう。

それよりも、ネットフリックスやダゾーンのようにいつでもやめやすくして、「また興味を持ってくれたら、返ってきてくださいね」と伝えるぐらいのスタンスでちょうどいい。べとべとした粘着質な感じではなく、サラッとした関係が理想なのです。

会社と個人の関係も同じです。終身雇用かつ年功序列で人生をすべて抱え込むのではなく、辞めたい人は前向きに送り出して、出戻りも受け入れればいい（逆に、合わない人には、カジュアルに合わないことを伝えて、次の道を探してもらう）。

追えば追うほど逃げられますし、労われば労わるほど頼られます。鷹揚に構えているほうが、フラットでさわやかな関係が創れるのです。これは人にも、企業にも、ブランドにも、サービスにもすべてに言えることです。

今後の日本では、頑強な縦割りは徐々に崩れていくはずです。もっとカジュアルに複数のコミュニティに出入りして、いろんな自分を持つことができるようになるでしょう。作家の平野啓一郎さんは、『私とは何か――「個人」から「分人」へ』の中で「人間を分けられる存在」とみなす「分人主義」を提唱しています。

「たった一つの『本当の自分』など存在しない。裏返して言うならば、対人関係ごとに見せる複数の顔が、すべて『本当の自分』である」[19]

これまでもっとも濃いコミュニティとして機能してきた会社の比重が下がるにつれて、会社外でのコミュニティが、幸福と安寧のための場として存在感を高めていくはずです。

今や日本の世帯の35％が1人暮らし。1990年時点の23％から急増しています。だからこそ、1人暮らしの人も、多様な人々と出会えるような、価値観や趣味や地域や信仰などを軸としたコミュニティが核になってくるのです。各人が自らの分人に応じて、3〜5つぐらいのマルチなコミュニティに属するようになれば、人生の楽しみが増しますし、いざというときのセーフティネットにもなります。

分人の概念は人だけに当てはまるものではありません。ブランドも企業も、多彩な顔を持つのが普通になり、それがブランドや企業の魅力にもつながっていくでしょう。

こう言うと、先ほどの「コンシステンシーの話と矛盾するではないか」と思われるかもしれませんが、複数の顔を持つことと一貫性を持つことは必ずしも矛盾しません。

単に複数の顔があるだけであれば、それはできの悪い福笑いのようになってしまいます。分裂した人格になってしまい、不信感を高めてしまいます。しかし、一見すると多才で多彩なのだけど、通底する'Thought'や'Truth'が感じられる、表面上のコンシステンシーではなく、思想レベルのコンシステンシーがあるという状況が理想なのです。

逆に思想レベルのコンシステンシーがあれば、表出する顔が多様でもいいのです。人間と同様に、それぞれ異なるターゲットに、異なる受け入れられ方をするのは、企業やブランドとしても自然です。

次の第3章と第4章では、「セレクト」「コネクト」「プロモート」「エンゲージ」の4つの機能を、ニューズピックスやネットフリックス、ディズニー、WeWorkの実例に当てはめながら、編集思考と企業戦略の関係を考えていきましょう。

第3章　ニューズピックスの編集思考

流通（プラットフォーム）と制作（パブリッシャー）を「つなげる」

第2章では、編集思考の4つの機能として「セレクト」「コネクト」「プロモート」「エンゲージ」を挙げました。ただ、こう感じた方も多いはずです。「なんとなく意味はわかったけれども、これをどう実践するのかわからない。企業戦略や個人のキャリア戦略にどう使えるのだろうか」と。

その疑問にお答えするために、ここからの章では編集思考がどのように企業戦略に活かせるかをケーススタディで語っていきます。取り上げるのはニューズピックス、ネットフリックス、ディズニー、WeWorkです。

まずは私が関わっているニューズピックスからご説明しましょう（偉そうに編集思考を語りながら、自分が実践できていなかったら、単なる評論家に終わってしまいますので……）。

プラットフォームとパブリッシャーの不平等条約

ニューズピックスというサービスや私の立ち位置を知らない方も多いかと思いますので、簡単に解説させてください。私は2014年7月から、ニューズピックスというソーシャル経済メディアに加わり、4年間は初代の編集長として、現在は新規事業担当の取締役として、また映像プロデュース企業「ニューズピックススタジオ」のCEOとして事業に携わっています。

2019年6月末時点でユーザー登録数は約420万人。有料登録ユーザー数は10万を突破し、スマホ領域で日本最大の経済メディアへと成長しました。ニューズピックスの親会社であるユーザベースは時価総額が一時1000億円を突破。2019年には、経済産業省が主催する日本ベンチャー大賞で、「審査委員会特別賞」を受賞しています。

このニューズピックスが生まれた背景にも、編集思考があります。

あれは2014年の春のことでした。当時、東洋経済オンラインで編集長を務めていた私のところに、ニューズピックスを立ち上げたばかりの創業者の梅田優祐が訪問してきました。出張帰りのようで、スーツケースを持ってやってきたことをよく覚えています。

そのミーティングの途中で私は、東洋経済オンラインのウェブサイトが止まっていることに気づいて、目の前の梅田に見向きもせず、エンジニアに相談すべく会議室から飛び出しました。そんな無礼な私を見て、梅田は「なんて自分のサービスについて思い入れのある人なんだ」と逆に感心してくれたそうです。

正直、最初に梅田からニューズピックスのアイデアを聞いたときはビビッと来ず、むしろ、企業情報プラットフォームのSPEEDAの方に興味津々でした。まさかそれから数ヶ月後には、東洋経済からニューズピックスに移籍するとは思いもよりませんでした。

その後、梅田と議論を重ねていく中で、互いの問題意識とビジョンが折り重なっていることがよくわかってきました。それは、「今のネットメディアのビジネスモデルは行き詰まる。〝プラティシャー〟こそがメディアの次のモデルである」という考えです。

プラティシャーとは何か。これは、「プラットフォーム」と「パブリッシャー」をつなげた、まさに編集思考により生まれた造語です（図表3－1）。

プラットフォームとはコンテンツを集めてそれを広げていくポータルのようなもの。日本で言うと、ヤフーニュースのようなイメージです。一方のパブリッシャーは出版社などのコンテンツメーカー。自ら流通は行わずに、コンテンツづくりに徹します。

現在のデジタルメディアの世界では、この流通機能とメーカー機能が分業されていますが、この双方の機能を併せ持つ企業を創らないと次の時代の覇権は握れない。そう梅田と私は考えたのです。

図表3-1｜ニューズピックスのプラティシャーモデル

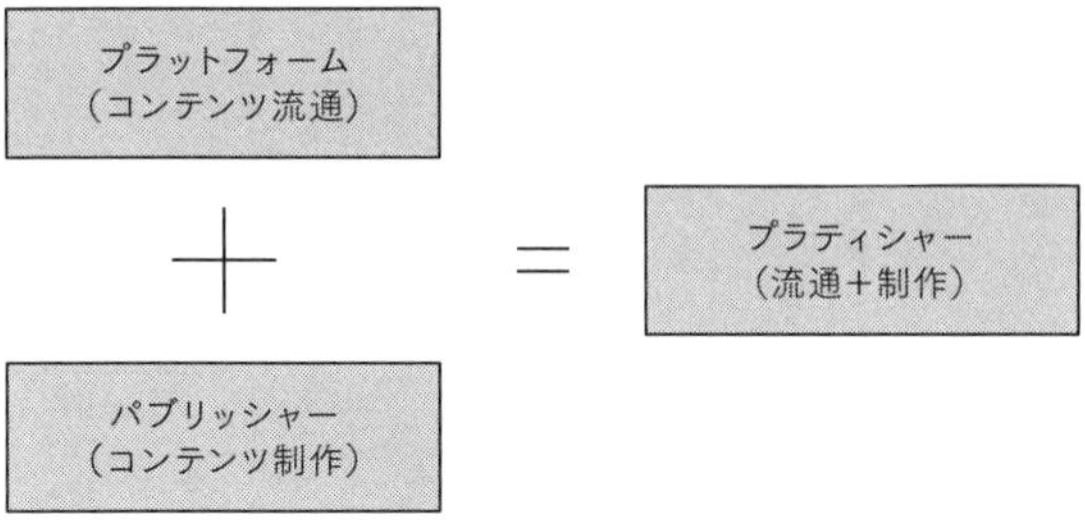

ユニクロやセブンイレブンが典型ですが、製造と流通を同じ会社が行うＳＰＡ（製造小売業）はあらゆる業界に広がっています。そのモデルをデジタルメディアにも導入しようとしたのは、ある意味自然な流れでした。

今のデジタルメディアの生態系においては、流通を担うプラットフォーム側は寡占状態にあります。ヤフーを筆頭に、スマートニュース、LINE NEWS、Apple News+ などのプレイヤーが流通を支配しています。

一方のパブリッシャー側は、自身のサイトも持っていますが、そこに直接に訪問してくれるユーザーは多くありません。そのため、より多くのユーザーにコンテンツを見てもらうために、ヤフーなどのプラットフォームにコンテンツを出さざるを得ません。ヤフートップに載れ

図表3-2｜今までのデジタルメディアとプラットフォームの関係

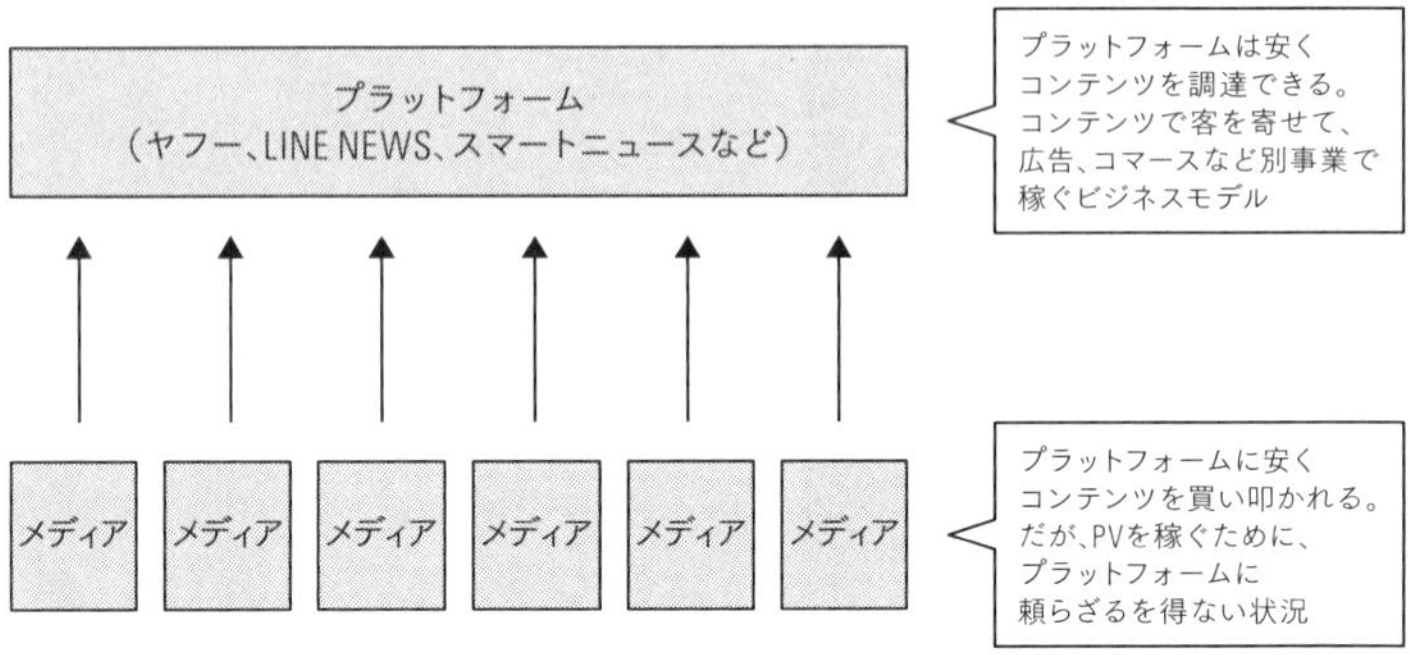

ば、数百万単位で読者が訪れるからです。

ただし、プラットフォームに頼るのはいいことばかりではありません。ヤフーに記事を出したいメディアはいくらでもいますので、当然、交渉力はヤフー側にあります（図表3－2）。コンビニ業界におけるセブンイレブンのようなもの、いや、それ以上の支配力があるかもしれません。パブリッシャーは、力あるプラットフォーマーとは不平等条約を結ぶしかないのです。

メディアとしてはPVをもらう代わりに、安い価格でコンテンツを卸さざるを得ません。コンビニに商品を納入するメーカーが買い叩かれるのと同じ構図です。こうして、プラットフォームの安価な客寄せとしてコンテンツが使われる構造が定着しました。

テレビと新聞の強みはコンテンツではなく流通

よく、「なぜ日本のネット上のコンテンツは質がなかなか上がらないのか」と聞かれるのですが、答えは単純。ネットメディアのビジネスモデルが壊れているからです。ネットコンテンツにお金を投じても、儲かる方程式がないため、回収できるめどが立ちません。だから伝統メディアの側も、衰退していてもまだ利益が出ている紙やテレビを守ろうと思ってしまうのです。

「日本のメディアは変化が遅い」と揶揄されがちですが、経営サイドの立場になってみれば、変われない事情も理解できます。

儲かりそうにない新ビジネスに攻め込むのは、失敗確率が高い。オーナー経営者ならまだしも、つつがなく任期をまっとうしたいサラリーマン経営者ではまずとれないリスクです。10年、20年を見据えた、ビジョンと政治力のあるリーダーでない限り、デジタルシフトは難しいのです。

それゆえ、日本のデジタルメディア業界では、良質なコンテンツを生むサイクルが未だに生まれていません。ここに日本の悲劇があります。

私は今のメディア（とくにニュースメディア）の状況をよく、飲食業界にたとえます。そこには、ジャンクフードを売るファストフード店と、似たようなメニューが並ぶチェーン店の2つしか存在しません。デジタル空間では、PVを効率よく稼ぐための、安くてお手軽なコンテンツ（ジャンクフード）があふれています。ブログやSNSやYouTubeやTikTokでユーザー発のおもしろいコンテンツも出てきますが、玉石混交で信頼性に乏しいものも多い。毒を食らうリスクもあります。

一方、新聞やテレビといった伝統的なメディア空間では、ネットに比べてクオリティは担保されているものの、どこも似たり寄ったりのコンテンツが多く個性がありません。シェフの顔が見えないチェーンのレストランのようなものです。

実際の飲食業界では、小さな名店や、一店しかない高級店、安くて親しみやすくて個性あるフードを出すB級グルメ店など、バラエティに富んでいます。しかし、メディアの世界では、安価だけど味がいまいちな店、あるいは食べやすいけれども味に個性がない店の2パターンしかありません。

この構造に風穴を開けるためには、自らコンテンツを創り、自ら流通を行い、プラットフォームに頼らない戦略が不可欠だとわれわれは考えたのです。

この「流通と制作をつなげる」という発想自体は、さほど斬新なものではありません。むしろ、これまでテレビや新聞といった伝統メディアがリアルな場でやってきたことと同じです。

テレビが今なお、主流のメディアとして、多くの社員を養っていけているのはなぜでしょうか。

それは、流通を独占できているからです。NHKや民放キー局は、電波という極めて効率的な流通網を破格に安い電波料で独占利用しています。テレビ局が支払う毎年の電波料は、NHKが20億円、日本テレビが4・5億円、テレビ朝日が4・3億円、フジテレビが4・3億円、TBSが4・3億円、テレビ東京が4・2億円です（2017年の実績）。[20]電波独占のメリットや、数千億円にも上る各社の売上規模を考えると微々たるものです。

こんなバーゲン価格で電波を使えるならば、手を挙げる人は多くいそうなものです。しかしながら、日本では電波オークションが行われていないため、入札することすらできません。先進国の中で、電波オークションを実施していないのは日本ぐらいです。電波利権の壁は極めて高く、流通は未だ寡占状態にあります。

テレビの最大の成功要因は強いコンテンツだと言う人もいるかもしれませんが、それは原因ではなく結果です。電波の独占により圧倒的なリーチを持つ流通網を確保できるため、広告により超過利益を得られる。その結果、コンテンツ制作への投資が充実し、相対的にいいコンテンツを創れる。因果関係の始まりは、あくまで電波という「流通の独占」にあるのです。

新聞の最大の強みも、コンテンツではなく流通にあります。全国に張り巡らせた宅配網という独占的な流通があるがゆえに、未だに世界トップレベルの部数を維持できています（読売新聞の835万部〈2018年11月時点〉という部数は今なお世界トップです[21]）。この宅配ビジネスは、毎日新聞が1870年代に世界で初めて立ち上げて以来、150年近くにわたり新聞業界を支えてきました。

全国に宅配網を築くのはコストが高く、参入障壁が極めて高い。それに続く企業は現れようもありません。そうした流通の寡占によって部数を高め、利益を上げ、それを記者採用などのコンテンツに投じてコンテンツ力を高める。そして取材ネットワークは記者クラブにより囲い込んで、防衛網を張り巡らす。

こうした、二重三重の参入障壁を築くことによって、世界に冠たる新聞王国ができ上がりました（ただし、その王座も風前の灯火。今後10年で急速に揺らぐ可能性が高い）。新聞も流通と制作を一体化させていますが、テレビ同様、因果関係の始まりは流通にあるのです。

今を見ても、過去の歴史を見ても、流通と製造の両方をつなげないと、メディアは細っていくばかりです。それが痛いほどわかっているからこそ、ニューヨークタイムズは自社で流通を握り、読者とダイレクトにつながることに徹底的にこだわっています。

２０１９年３月にAppleが雑誌や新聞の記事がまとめて読めるApple News+をスタートしましたが、ニューヨークタイムズは参加しませんでした。けだし慧眼だと思います。その判断を下した理由を、ニューヨークタイムズのマーク・トンプソンＣＥＯは「ニューヨークタイムズの記事を、どこか別のところで読むのが習慣化してしまうことをとても警戒している」と語っています。

その上で、彼はネットフリックスとハリウッド、テレビ局の関係をこう分析しています。

「もし私が米国のテレビ局の立場だったら、コンテンツのライブラリーをすべてネットフリックスに提供するのは考え直す。たとえ、ネットフリックスが多額のお金を支払ってくれたとしても、だ。

ネットフリックスは今や90億ドルもオリジナルコンテンツに投資しており、将来的には他社コンテンツに対しての支払いを減らしていくだろう。にもかかわらず、ネットフリックスが巨大な会員ベースを築く手助けをするのは本当に理にかなうのだろうか」[22]

このメッセージはテレビ局に対する戒めに他なりません。

米国のテレビ局は、自らネットフリックスという巨大なライバルを育ててしまいました。米国におけるテレビ局とネットフリックスの関係は、日本における新聞社とヤフーの関係に似ています。新聞社はもはやヤフーの下請けです。ヤフーにニュースを安易に提供したがゆえに、ニュースをまとめて無料提供するヤフーが、圧倒的なニュースプラットフォームに成長してしまったわけです。新聞社は自ら巨大なライバルを育ててしまいました。うまく新聞社を懐柔しながら、毒まんじゅうを食わせたヤフーのファインプレーです。ヤフー初代社長の井上雅博氏の功績たるや絶大です。

ヤフーへのニュース提供を行わなかった数少ない新聞社が、日本経済新聞です。ニューヨークタイムズと同じく、自社サイトに呼び込む戦略を徹底したがゆえに、60万人を超える有料会員を獲得し、デジタル時代の勝ち組となりました。同様にニューヨークタイムズも、優れた戦略があったからこそ、世界最大となる350万人のデジタル有料会員を抱えるまでになったのです。

説明が長くなりましたが、こうした文脈があるからこそ、われわれは「流通も製造も自社で行うプラティシャー戦略」にのっとってニューズピックスを育てていこうと決めました。流通と製造を編集思考によってつながないかぎり、永続的に利益を出せるメディアを創ることはできない。その問題意識を創業者の梅田と共有できたからこそ、２０１４年の7月からニューズピックスに移籍することを決めました。

ニューズピックスのセレクト

経済コンテンツというグローバルニッチに特化

ここからは「セレクト」「コネクト」「プロモート」「エンゲージ」の切り口からニューズピックスの戦略を紹介します。

セレクトは、経営的には「集中と選択」と言い換えられますが、「経済コンテンツに集中した」というのが、ニューズピックスのもっとも基本となるセレクトです。

世界を見ても、経済情報に対するニーズは確実に高まっています。テクノロジーの進化とグローバル化の進展により、世界の経済がつながり、地球の裏側の動きが日々の生活に直結するようになりました。リーマンショックはその象徴です。世界中で生活における経済のウェイトが高まっているのです。

たとえば、東大入試でも、今や文系でいちばん人気があるのは経済学部です。かつては東大法学

図表3-3｜ニュースメディア（世界）の有料会員数ランキング

	媒体名	国	会員数（万人）	価格
1	ニューヨークタイムズ	米国	330	2ドル／週
2	ウォールストリートジャーナル	米国	150	19.5ドル／週
3	ワシントンポスト	米国	120	6ドル／4週
4	フィナンシャルタイムズ	英国	74	3.99ドル／週
5	ガーディアン	英国	57	—
6	日本経済新聞	日本	56	4200円／月
7	エコノミスト	英国	43	55ポンド／12週
8	ビルトプラス	ドイツ	42	7.99ユーロ／月
9	タイムズオブロンドン	英国	26	26ポンド／月
10	アフトンブラーデット	スウェーデン	25	69スェーデンクローナ／月

出所｜2019 Global Digital Subscription Snapshot Report

部から官僚になるのがエリートコースでしたが、そんな時代は終わりました。

世界の一流大学でも、今や人気トップ3は、経済とプログラミング（IT）と哲学です。経済は世の中心に鎮座するようになったのです。

そうした潮流を反映してか、世界のニュースメディアの有料会員数トップ10を並べてみると、うち4社は経済メディアです。ウォールストリートジャーナル、フィナンシャルタイムズ、日本経済新聞、エコノミストがランクインしています（図表3－3）。

しかも、経済メディアには単価が高いという強みもあります。

世界1位のニューヨークタイムズが1週間2ドルであるのに対し、ウォールストリートジャーナルは、1週間19・5ドル。経済メディアは、ビジネスパーソンにとって必需性が高いため、高いお金を払ってもらいやすいのです（経済メディアは、法人向けにも売りやすいというメリットがあります）。

経済メディアというグローバルニッチを選んだことが、ニューズピックスの決定的に重要なセレクトでした。

人×アルゴリズムによるニュースの選出

ニューズピックスの独自性は、ニュースの選び方にもあります。これまでのメディアでは、社内の編成担当が「どのニュースが重要か」を決めて選んでいました。ヤフーも同様です。それに対して、スマートニュース、グノシーなどのニュースキュレーションメディアは、人の仲介を減らしてアルゴリズムを軸にニュースを選択しました。

一方、ニューズピックスは「人×アルゴリズム」の融合によって選択を行う形にしています。人とアルゴリズムという両極に振って、ニュースの選択に多様性を埋め込みました。セレクトの法則「両極に振る」の実践です。

アルゴリズムと言っても、さして複雑なものではなく、基本的にはよりピック数（ユーザーがニュースを選ぶ際の機能）が多いものほど目立つ位置に出てくるという仕組みです。

ただし、そうすると人気投票のようになってしまい、ニュースのバランスが悪くなります。初期のニューズピックスは、ピック数を基本的な基準としていたのですが、どうしてもキャリア系やハウツー系のニュースに偏ってしまうという悩みがありました。しかし、「読みたいニュース」と「読むべきニュース」は異なります。そこで、編成担当を増やして、ピック数は少なくとも読んだほうがいいニュースを随時編成する形に変えていきました。

おりしも世間では、インターネットのパーソナライズの進展により、フィルターバブルに対する懸念が高まっていました。

フィルターバブルとは、自分が興味のあるニュースばかりが流れてくることによって（サッカー好きの人にはサッカーニュースばかり。右翼的な思想の人には、右っぽいニュースばかり）、自分の情報や思想が偏ってしまう現象を指します。こうしたフィルターバブルを抑制するためにも、誰かが選んだニュースが目に留まることが大事だと考えたのです。

実名に限定したコメントの選出

ニューズピックスのもう1つの大きな特徴は、各ニュースにコメントを書ける点にあります。後ほど説明しますが、ニュースとコメントの融合こそが、ニューズピックスの最大の持ち味です。

とはいえ、コメントを匿名でも誰もが書けるように開放したら、信頼性の低いコメントや誹謗中傷が増えかねません。そこで、ニューズピックスでは、2016年4月から実名ユーザーのコメントしか表示されないシステムに変更しました（匿名ユーザーのコメントもフォローすれば見ることはできます。ただ、フォローしていないユーザーの画面には表示されません）。実名の方が、信頼性の高いコメントになる確率が高いと考えたからです。

あわせて、2015年3月から、コメントをする人（ニューズピックスではピッカーと呼んでいます）の中に、特定の分野に詳しいプロピッカーという役割を設けています。

たとえば、経営分野では、一橋大学大学院の楠木建教授、マーケティング分野では、ネスレ日本の高岡浩三社長、経済分野では大阪大学の大竹文雄教授、国際政治では政治学者のイアン・ブレマー、そして全方位のプロとして堀江貴文さんというふうに、総勢200名以上の方々にプロピッカーになってもらい、日々コメントしてもらっています。実名を基本として、かつ、各分野のプロの人をスカウトして、コメントをしてもらう。それによって、コンテンツだけでなく、それに付随するコメントの価値も高めていきました。

さらに、各コメントに他のユーザーから「いいね！」がつく評価機能を入れて、コメントへの人気を視覚化。「いいね！」だけでは評価が単純化するため、2019年からはシェアボタンを入れて、「専門的な考察」「わかりやすい」「共感する」という理由を入れられるようにして、コメントの評価を多層化するようにしています。

コメントを扱うサービスをしていると必ず投げかけられるのが、「どうやって炎上を防いでいるのですか」という問いです。ニューズピックスも炎上とは無縁ではありませんが、ほとんど炎上は起きていません。

その理由は、あえて対話させないコメント欄の仕組みにあります。ニューズピックスでは、ある人のコメントに対して、「いいね！」などで反応はできますが、反論したり、コメントつきでリツイートすることはできません。あくまでニュースについて「批判文化よりもほめる文化を育む」という思想を貫き、コメントに対するコメントはできないようにしています。「いいところだけに着目する」というセレクトの法則をシステムに実装したのです。

選んだら、まず創る

ニューズピックスという新規事業の創り方そのものにも、編集思考のヒントが詰まっています。

梅田は、自分の「直感」でプロダクトのコンセプトを決めた、と語っています。

「私の場合は、自分が喉から手が出るほど欲しいモノか、泣いて喜ぶほど欲しいモノかどうかという基準だけにしたがって新規事業の可否を決めます。非常にシンプルです。最初のアイデアを考えるときは、あえて人の意見は聞かないようにしていますし、マーケティング調査もしません。『1から100』にしていくフェーズでは仲間の力を借りていく必要がありますが、『0から1』を生み出すフェーズではまずは尖らなくてはいけないので自分の考えだけで進める。これが、持論です」[23]

まず、「自分が欲しい」という情熱と直感で選び、その選択が正しいかを試行錯誤の中でチェックしていくわけです。セレクトの法則「直感をダブルチェックする」ではその材料としてデータや数字を挙げましたが、「まずプロトタイプを創り、やりながら軌道修正していく」のも有効なチェック方法です。ニューズピックスもそうして今の形に進化していきました。梅田は、当初はオリジナルコンテンツを作成するつもりはなかったと語っています。

「ニューズピックスを始めた当初は、さまざまなコンテンツをキュレーションし、月額1500円の課金モデルにしていたのですが、すぐにはうまくいきませんでした。他の人からは、『500円だったら払うのでは？』『コンテンツにはお金を払わなくても検索機能などの課金が成り立つのでは？』といった意見が出るものの、納得できずに悶々としていたんです。

今でも覚えていますが、オリジナルコンテンツへの課金モデルを決意したのは、自問自答を繰り返した電車を降りた直後のことです。ふとコンビニに入り、雑誌『BRUTUS』を買いました。その時の自分の何気ない行動から、『今、僕は紙の雑誌だからお金を払ったのではなく、その中にあるコンテンツ自体にお金を払ったんだ。今のニューズピックスにはお金を払ってでも欲しいコンテンツがないだけなんだ』と気づかされたんです。発想が切り替わった瞬間でした。お金を払ってでも欲しいコンテンツが、その当時はスマートフォンの世界、ネットの世界にはなく、コンビニにはあった。それならば、私たちがネットの世界でお金を払ってでも欲しいコンテンツを開発しよう。それには、編集長を採用する必要があるという考えに至りました」

こうして梅田と私が出会い、オリジナルコンテンツを持つキュレーションメディア、つまりはプラティシャーとしてのニューズピックスが生まれました。

ニューズピックスのコネクト

プロフェッショナル×ユーザー

次に「コネクト」に移りましょう。ここはニューズピックスの個性がいちばん出ているところです。本章冒頭でお話ししたように、戦略面でのコネクトの肝は、プラティシャーモデルの採用、流通と制作の融合にあります。

加えて、実際のプロダクトとしての「コネクト」の柱は、プロフェッショナル型コンテンツとユーザー発信型コンテンツの融合です。

YouTubeやTikTokやFacebook、Twitter、Instagramなどのプラットフォームや SNSも含めると、今はメディア黄金時代と言ってもいいくらいコンテンツにあふれていますが、そのタイプは大きく二分できます。

プロのクリエーターやジャーナリストが作るプロフェッショナル型のメディアと、ユーザー発信型のメディアです。前者の代表はテレビ局や新聞であり、後者はYouTubeやTikTokなどです（図

図表3-4｜ユーザーコンテンツとプロコンテンツの編集

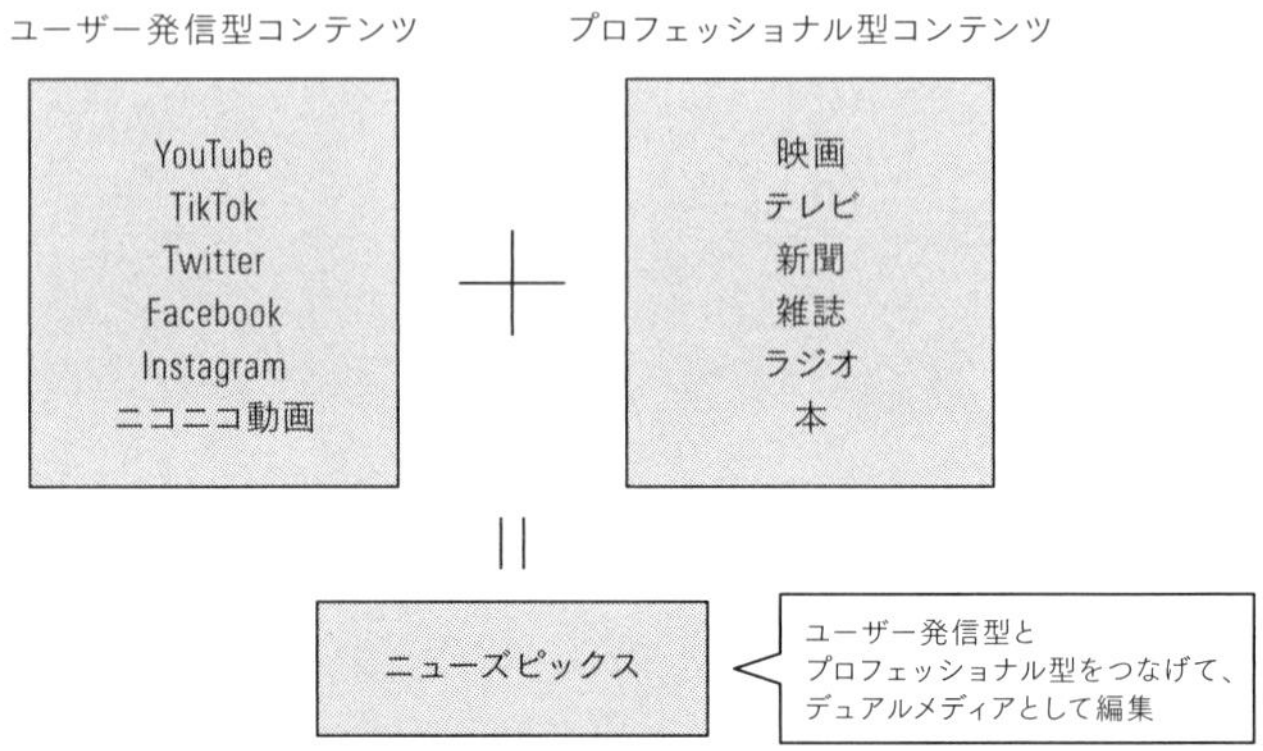

表3－4）。その2つが共存する場所は意外とありません。以前のニコニコ動画はそこに近かったのですが、今では、プロコンテンツの数がグッと減ってしまい、ユーザー発信型に寄っています。

ニューズピックスでは、コンテンツにユーザーのコメントがつくようにして、プロフェッショナルとユーザーをつなげました。

経済、ビジネス、テクノロジーの分野は進化が速く、取材をしている記者や編集者よりも、現場の最前線で働くビジネスパーソンの方が、専門分野についての深い情報と見識を有しています。そのためプロコンテンツに限定せずに、多くのビジネスパーソンに門戸を開いたほうが、いいメディアプラットフォームができると考えたのです。

ビジネス×コンテンツ×テクノロジー

ニューズピックスは、人材戦略、カルチャーという点でも、「コネクト」を意識しています。

そもそも、本作を書いたいちばんの問題意識は「日本の縦割り社会」にありますが、それが如実にあらわれるのが、専門や部署のサイロ化です。メディアの世界はその典型であり、編集と広告、記者とエンジニア、活字メディアと映像メディア、両者の間には深い溝があります。

しかし、コンテンツの垣根はデジタル、ソーシャル、モバイルなどの大波によって溶け始めています。そんな時代において、縦割りにこだわるのはナンセンスです。

そこでニューズピックスは、コンテンツを創る記者編集者のカルチャーと、プラットフォームを創るエンジニアのカルチャーと、広告などのビジネスを生み出すビジネスカルチャーの融合を目指しました。コンテンツを文化ととらえると、まさに「経済（ビジネス）×文化×テクノロジー」のトライアングルづくりに挑んでいるわけです。これはコネクトの法則「文化的摩擦が大きいもの同士をつなげる」の実践です。

現在、ニューズピックスの社員のうち、コンテンツ、テクノロジー、ビジネスの割合はおおまかに3分の1ずつ。つねに試行錯誤を繰り返していますが、このトライアングルを編集できていることもニューズピックスの大きな特徴です。

テック企業の遺伝子が埋め込まれているからこそ、経済メディアという「古い世界」に、スマホファーストで「新しいテクノロジー」をつなげることができました。ビジネス企業の遺伝子が埋め込まれているからこそ（創業者の梅田はコンサルティングと金融業界の出身です）、サブスクリプションという新たなビジネスモデルを実現することができました。スマホ対応が遅れていた経済メディアの世界で、勝機と商機を見出すことができたのです。

この新旧の接続は、言うはやすく行うは難しです。ほとんどのメディア企業は、コンテンツ部門とテクノロジー部門の壁を越えられずにサイロ化していきます。とくに、コンテンツ部門が強くなりすぎると、どうしてもエンジニアが端役になってしまいます。しかし、言うまでもなく、今はテクノロジーが中心の時代です。テクノロジーなくして、メディアの繁栄はありません。それは歴史を見れば明らかです。

メディアの主役はつねにテクノロジーだった

１４３９年のグーテンベルクによる活版印刷技術の発明により聖書が世に広められて以来、知の民主化が始まりました。

その後19世紀前半のフレドリック・ケーニヒによるシリンダー式（円筒型）輪転印刷機の発明は「マスメディア」の概念を生み出しました。

さらに20世紀に入ると、ラジオ、テレビが生まれ、21世紀に前後して、インターネット、ＳＮＳが生まれました。今後、ＡＩ、５Ｇ、ＡＲ、ＶＲなどのテクノロジーがメディアをさらに変えていくことは必至です。つまり、メディアの主役はテクノロジーであり、テクノロジーを知悉した人材がいない限り、メディアの繁栄はあり得ないのです。

それを実証したのが、ワシントンポストを買収し、再生させたジェフ・ベゾスです。

２０１３年の買収後、ベゾスがまず手をつけたのが、テクノロジーの強化でした。優秀なエンジニアの採用を拡充し、テック部門の人員を２５０人へと倍増。これまで外注していた社内の編集やビジネス関連のシステムを内製する体制に変え、ヘルプデスクやコンピューターの修理が中心だったローテク企業のＩＴ部門を、あたかもスタートアップのテック部門のように変貌させたのです。どんな記事が読まれるか、どこまで読了しているか、どのタイトルがもっとも読まれるか、そうした情報が編集チームに随時フィードバックできる体制が生まれたことで、絶え間ない改善が可能になりました。

この改革によって、デジタル版の購読者数は右肩上がりで成長。デジタル広告も毎年2桁増で伸びています。さらに内製したＣＭＳ（コンテンツマネジメントシステム）をロサンゼルスタイムズなど外部のメディアに販売することにより、ソフトウェア販売という新たな収益源も生み出しました。[24]

対照的に、日本の伝統メディアでは、とくに紙メディアで顕著ですが、テクノロジーサイドの人間はあまり存在感を発揮できないカルチャーになってしまっています。

一方、ニューズピックスの母体となっているユーザベースでは、エンジニアとコンテンツづくりの双方の部署があり共存していました。そうした土壌があったことも、ニューズピックスのカルチャーづくりにプラスに働いています。

今後、さらにニューズピックスの規模が大きくなったとして、どこの部署が偉いなどといった、つまらない上下関係から生まれる文化的摩擦をいかに減らせるか。そこが、大きなテーマだと思っています。

コンテンツ大融合時代の到来

最後の「コネクト」は、発信するメディアの組み合わせです。

サイロ化の話ともつながりますが、今まで、発信する側の担当は、本、雑誌、新聞、テレビなどのように、媒体別に分かれていました。しかし、こうした分断もデジタル化により、意味が薄れてきています（図表3－5）。

図表3-5｜コンテンツ大融合時代

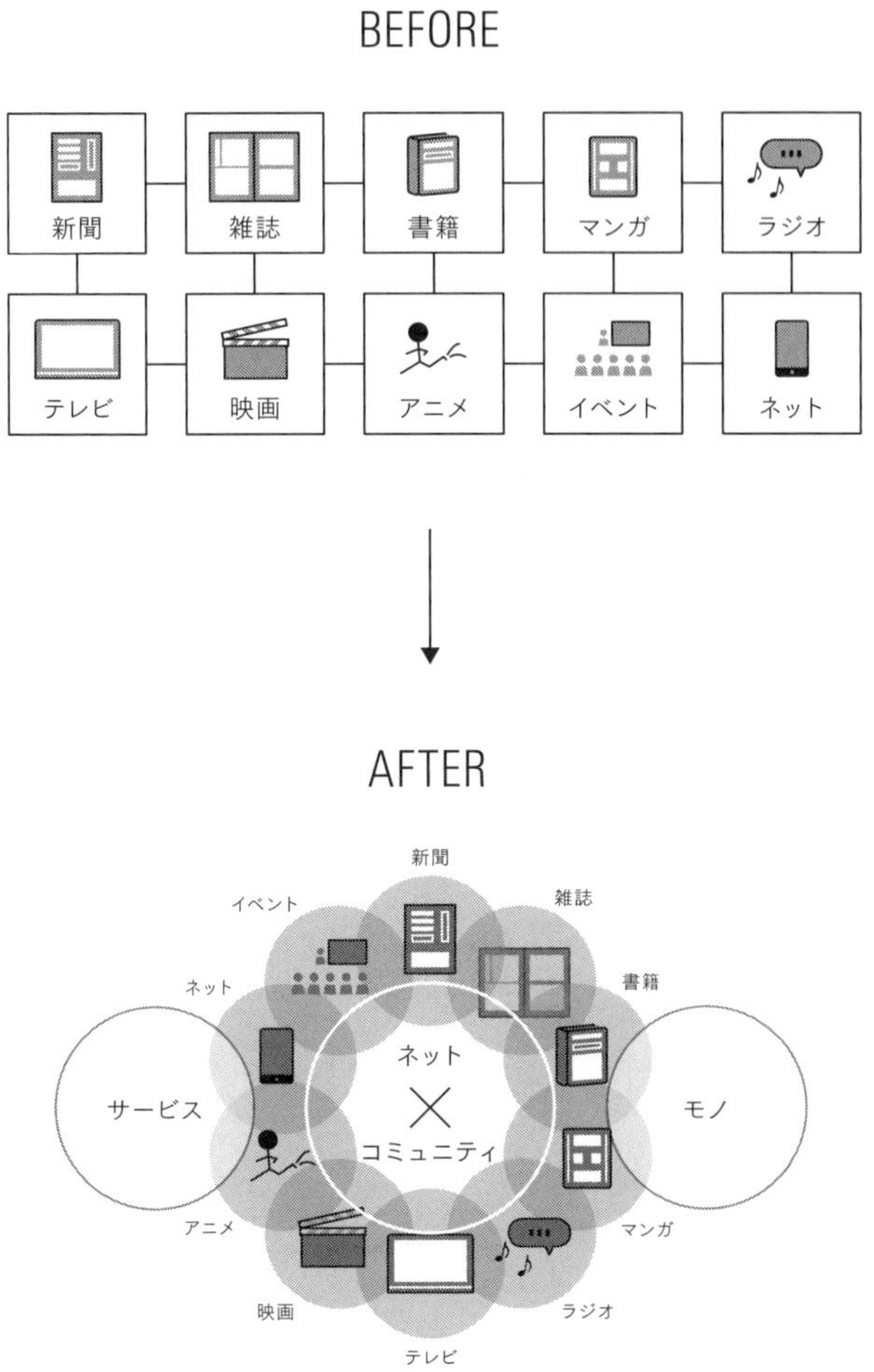

記者は活字だけにこだわる必要はなく、映像で表現してもいいし、ラジオやポッドキャストなどで話してもいい。取材対象をどう表現するかを、自由に組み合わせることができる時代になっています。映画村、テレビ村、活字村などに分かれていた村同士が溶け始めて、コンテンツの自由度が飛躍的に高まっているのです。

ニューズピックスも当初は、経済メディアとしてスマホアプリを提供することからスタートしました。ただわれわれは、スマホを核としながらも、スマホだけのメディアとは位置付けていません。2017年には、幻冬舎とのコラボレーションでニューズピックスブックを始動。HOPEという新しいフリーマガジンを始め、雑誌のニューズピックスマガジンも創刊しました。

さらに、2018年には電通との合弁で映像のプロデュース会社「ニューズピックススタジオ」を立ち上げ、落合陽一さんがホストを務める「WEEKLY OCHIAI」などの番組制作も行っています。今後は、音声コンテンツも充実させていく予定です。スマホを縦の軸として深掘りしながら、本、雑誌、映像、音声などの複数のメディアへと柔軟に「横展開」するメディアミックス戦略を推進している最中です。

なぜ、ニューズピックスはQuartzを買収したのか

ニューズピックスにとって、これからいちばんのチャレンジとなるのは、日本と海外をつなぐ編集思考です。文化的摩擦も小さくないでしょう。

言わずもがな、経済はグローバルです。日本という国にだけとどまっていては話になりません。日本の経済メディアは、記事の中では「海外市場攻略が大切だ。グローバル人材を育てるべきだ」と吹聴してきましたが、ちゃんちゃらおかしい話です。

なぜなら、いちばん海外から遠いのがメディアの世界だからです。自分ができないことを、したり顔で語るのは不誠実です。だからこそ、ニューズピックスは日本から生まれたメディアとして、世界に通用するメディアになるための挑戦に踏み出していきます。

そうした思いから、2018年7月には、米国の新興メディアであるQuartzを約90億円で買収しました。ニューズピックスの2018年12月期の売上高が約30億円ですから、身の丈からすると、どれくらい大きな買収かがわかるかと思います。

2012年に誕生したQuartzの強みは、スマホネイティブであること、世界中で100名以上の記者を抱えていること、優れたデザインを有していることです。読者の中心は若いグローバルプ

ロフェッショナルで、平均所得は1000万円を超えています。

そんなQuartzの強みと、ニューズピックスの強みを編集して、「世界でもっとも影響力のある経済メディアを創ろう」というのがわれわれの野望です。

買収の話を最初に梅田から聞いたとき、私はとっさに「あのQuartzを買うのか。日本のメディアが世界で成功した例はないのに大丈夫なのだろうか」と少し不安に思いました。いかにも日本人的な反応です。

しかし、梅田の話を聞いていくうちに、徐々に「これはありなのではないか」と思うようになりました。「アメリカに来てみたら、ニューズピックスのようなサービスはどこにもない。実はニューズピックスが世界の最先端を走っていたことがわかった」という梅田の言葉を聞いて、ワクワクしたことを今も強く覚えています。

私もそうですが、日本人はどうしても、「どうせ日本のモデルは世界では遅れている」と最初からあきらめてしまいがちです。もしくは、どうせガラパゴスだからと開き直ってしまう。自己評価が低いのです。しかし、日本の中に独創的なモデルや発想はたくさんあります。うまく海外に向けて編集できれば、花開くものはたくさんあるのだと梅田に気づかされました。

海外市場についてはまだ何も結果を残していませんので、われわれの編集思考もまだ仮説にすぎません。ぜひ日本で実践してきた編集を一段と磨き上げて、米国の最前線で奮闘する梅田を日本から支え、世界でニューズピックスの名を高めたいと思っています。

とくに今後大きな成長が見込まれるアジア圏では、まだメインストリームとなる経済メディアは存在しません。ニューヨークタイムズ、フィナンシャル・タイムズ、ウォールストリートジャーナルなども支配的な地位は築けていませんし、言論の不自由さもあって、中国もメディア分野では国を超えた影響力を発揮しにくいところがあります。

チャンスは十分ある。われわれのチャレンジはまだ始まったばかりです。

ニューズピックスのプロモート

賛否両論の「さよなら、おっさん。」に込めた思想

プロモートについては、ピック機能とコメント機能が大きな強みです。ユーザー自身が自分の気になったニュースをシェアしたり、コメントをつけたりすることで、ニューズピックス内のフォロワーにコンテンツを拡散してくれるのです。Twitter や Facebook との連動も可能なため、ニューズピックスの外部にも拡散されていきます。

ニューズピックスのファンコミュニティも大きな力の1つです。たとえば、ニューズピックスは、ニューズピックスアカデミアという月額5000円（2019年7月現在）の「学び」をコンセプトにしたサービスを運営しています。会員のみなさんには、毎月、ニューズピックスオリジナルの本を発売日前に配るという仕組みです。これが会員間の口コミを生み、発売当初に火がつきやすくなるのです。

こうした手法は第2章でお話しした「3つのT（Timeline、Truth、Thought）」をもとに設計されています。1つずつ深掘りしていきましょう。

Timeline（時間軸）については、「深く、長く」が基本です。たとえばテレビCMをドカンと打って一気にマスを狙うよりも、ニューズピックスらしさを大切にして、じっくりと読者数を増やすことに重きを置いています。ニューズピックスは、読者の8割以上が44歳以下の若手ビジネスパーソンで、読者も都市圏中心です。いきなり全国区を目指すのではなく、まずは東京圏の影響力のある層に愛されるサービスにして、そこをベースにして他の層にも広げていくという時間軸を意識しています。

Truth（真実）という点では、コメント欄を通じて読者の声がリアルタイムに見えるので、ごまかしは利きません。本音が丸見えになるのです。いい記事を書けば評価してもらえますし、ダメな記事や不正確な記事を書けば、徹底的に叩かれる。とても鍛えられる環境です。

コンテンツを創る際にも、とにかくタブーなしで、Truth（真実）を伝えることを意識しています。ニューズピックスは新しいメディアであるだけに、既存の権力（政党や大企業）とのしがらみはありません。加えて、従来のネット系メディアは、収入の大半を広告に依存しているため、編集記事においてもスポンサーにとって耳が痛いことを言いにくいところがありました。しかし、ニューズピックスは有料課金が収入の軸です。読者から直接お金を頂戴していますので、編集記事の執筆に

図表3-6｜「古い経済圏」と「新しい経済圏」

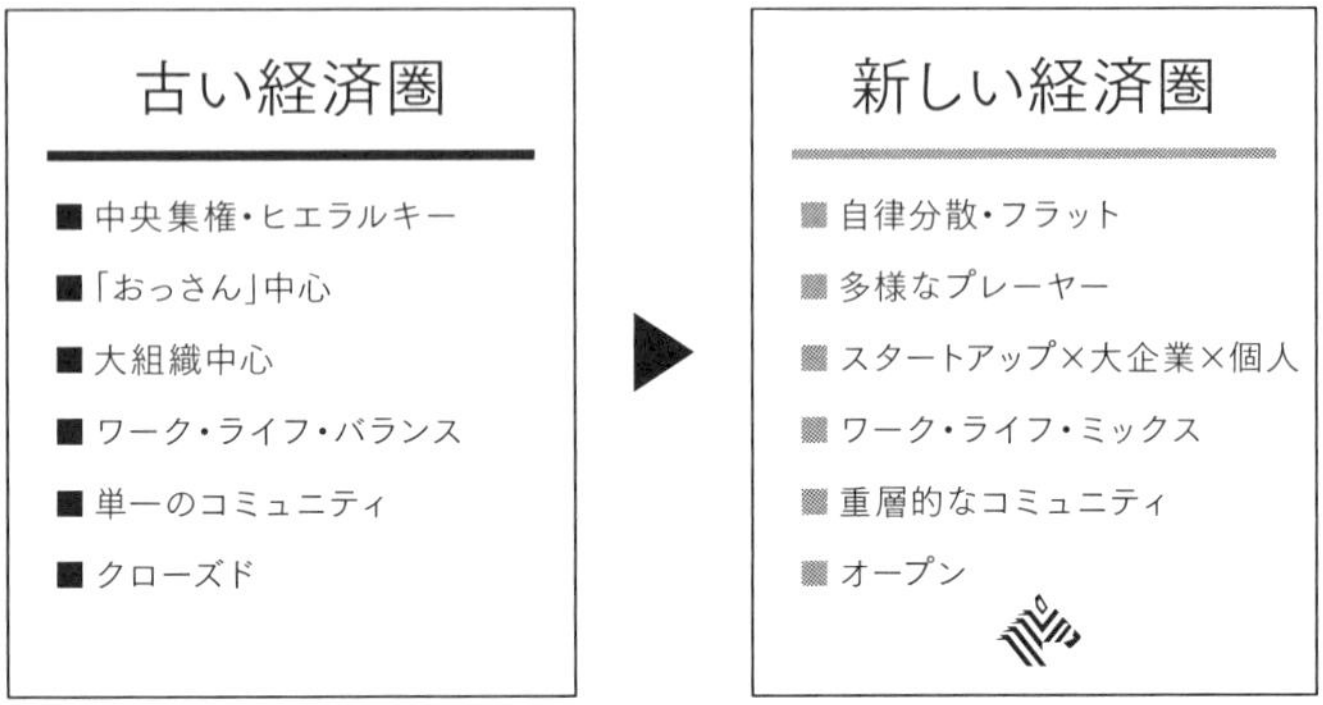

古い経済圏	新しい経済圏
■ 中央集権・ヒエラルキー	■ 自律分散・フラット
■「おっさん」中心	■ 多様なプレーヤー
■ 大組織中心	■ スタートアップ×大企業×個人
■ ワーク・ライフ・バランス	■ ワーク・ライフ・ミックス
■ 単一のコミュニティ	■ 重層的なコミュニティ
■ クローズド	■ オープン

おいてスポンサーに忖度することはありません。記者は書くべきことを書けるのです。

最後に、3つのTの中で、とくに重視しているのはThought（思想）です。

ニューズピックスは単なるメディアではありません。ニューズピックスが目指すのは、これまでの古い経済圏とは違う、新しい経済圏を日本と世界に創り出し、「経済を、もっとおもしろく」していくことです。

私の考える「新しい経済圏」とは、次のようなものです（図表3－6）。

ロジック、ルール、数字が優先だった経済に、美意識、ワクワク感、直感なども入れ込んでいく。ヒエラルキー型の上下関係が厳しい組織を、フラットでフェアな組織に変えていく。おっさん中心の経済を、若者や女性や海外の方も織り交ざった経済に変えていく。こうした「新しい経済圏」への移行を推し進めることが、社会への最大の貢献だと思っています。

新しい経済圏を生み出す人、新しい経済圏に興味がある人に対して、価値ある情報と教養とネットワークを提供して、チャレンジを後押しする。それが、ニューズピックスの大きな存在意義だと思っています。

そうしたThoughtを表明するために、2018年6月26日付の日本経済新聞の朝刊に、「さよなら、おっさん。」というコピーを載せたニューズピックスの全面広告を出しました（次ページ資料3－1）。

ここでいう「おっさん」とは年齢のことではありません。マインドセットや価値観のことです。古い価値観やシステムに拘泥し、新しい変化を受け入れない。自分の利害のことばかり考え、未来のことを真剣に考えない。フェアネスへの意識が弱く、弱い立場にある人に対し威張る。そうした「おっさん的価値観」が牛耳る日本社会、日本経済と決別しようというメッセージを、「さよなら、おっさん。」には込めました。

反応は真っ二つに分かれました。確かに、「さよなら、おっさん。」が必要だと賛意を示してくれる人もいれば、「こうした分断を招く言葉はよくない。おっさんに失礼だ」という声もありました。

なぜ今こんなコピーを打ち出したのかというと、このまま「おっさん的価値観」が日本の経済界

資料3-1｜日本経済新聞広告「さよなら、おっさん。」

です。

を支配し続けると、日本企業も日本経済も衰退し続けてしまう、という強烈な危機感があったからです。

今のビジネス界、スポーツ界、政界には、おっさん中心の価値観、おっさん中心のシステムが色濃く残っています。男性優位かつ上意下達かつ年功序列かつ終身雇用かつ生え抜き重視の世界です。そうした社会で生きてきた人と、よりフラットで多様な社会で生きてきた人との軋轢が今、一気に噴出しているように思えます。

だからこそ、多くの人々が、「さよなら、おっさん。」と自らに言い聞かせ、少しでも社会のおっさん化を防ぐことが、個人にとっても企業にとっても社会にとっても、そしてなにより次の世代にとっても、プラスな効果をもたらすと思うのです。

令和を迎えたばかりの今は、「さよなら、おっさん。」を告げて、社会と経済と個人の価値観をアップデートする大チャンスです。「さよなら、おっさん。」とは、誰かをおとしめるものではなく、「古いおっさんシステムから卒業して、新しい経済や社会を創ろうよ」という前向きなメッセージであり、われわれなりの思想（Thought）なのです。

ニューズピックスのエンゲージ

ニッチ×エッジ×キャッチー

最後の「エンゲージ」は、ニューズピックスにとって肝心要のチャレンジです。われわれは月額1500円のサブスクリプションモデルを採用しているだけに、ユーザーとの信頼関係を深め、契約を続けるに値すると思ってもらわなくてはなりません。

その核となるのは、コンテンツとコミュニティです。

コンテンツは、記事だけにとどまりません。ゼミという平均6回の集中講義も実施し、ユーザー同士が触れ合ってコミュニティが生まれやすいような空間を創っています。さらにエンゲージを深めるために、今後は、会員同士がリアルに学び、交流できる機会をより増やしたいと考えています。

では、エンゲージメントを高め、サブスクリプションで長くいい関係を築くためには、何を意識すべきなのでしょうか。

図表3-7｜月9の歴代視聴率トップ10

	ドラマ名	平均視聴率	放送時期
1	HERO	34.3%	2001年
2	ラブジェネレーション	30.8%	1997年
3	ロングバケーション	29.6%	1996年
4	ひとつ屋根の下	28.4%	1993年
5	あすなろ白書	27.0%	1993年
5	ひとつ屋根の下２	27.0%	1997年
7	やまとなでしこ	26.4%	2000年
7	素顔のままで	26.4%	1992年
9	教師びんびん物語II	26.0%	1989年
10	プライド	25.1%	2004年

ポイントは３つあります。

１つ目は、マスを狙いすぎないことです。みなに受けそうな薄いものは、誰にも深く刺さりません。それよりも、エッジのあるニッチを狙う。かつ、単なるマニア受けにならないように、人の心を深くとらえるようなキャッチーなものにする。テレビのように数千万人に届くことはなくとも、数十万人の人に対して深く刺さるよう「ニッチ×エッジ×キャッチー」を意識しています。その方が、深く長い関係を生みやすいからです。

１９９０年代〜２０００年代前半はマスを狙う戦略が機能した最後の時代でした。

その象徴が、月９のドラマです。月９の歴代視聴率トップ10を図表３－７にまとめましたが、その大半が１９９０年代〜２０００年代前

図表3-8｜昔のテレビのエンゲージメントとリーチ

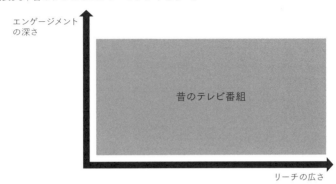

昔のテレビは、リーチが圧倒的に広く、中にはエンゲージメントが深い番組も多数存在していた。

半に集中しています。私はこの頃まさに思春期のど真ん中で「ロングバケーション」を繰り返し見た世代です（木村拓哉さん演じる主役の瀬名君のファッションを真似たりしました）。先日20代の若手社員に「ロングバケーションって知っている？」と聞いたら、「何ですかそれ」と、つれなく切り返されてしまいました。

月9に代表されるテレビ黄金期のテレビ番組は、広いリーチと深いエンゲージメントを両立できた、テレビにとってもっとも幸せな時代でした（図表3－8）。ドラマに限らず、「オレたちひょうきん族」、「笑っていいとも！」、「知ってるつもり!?」、プロ野球の巨人戦など、バラエティ・教養・スポーツなど広い分野でみなの話題になる番組がいくつもありました。

図表3-9｜今のテレビのエンゲージメントとリーチ

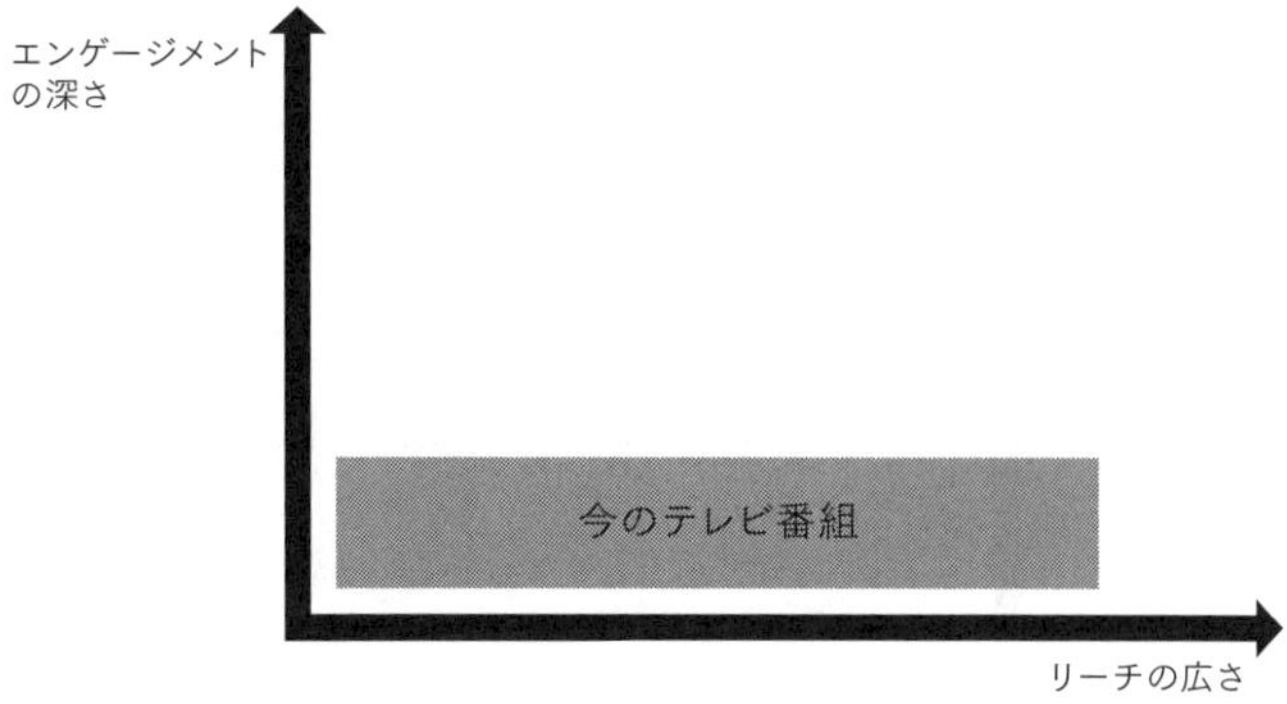

今もテレビは、リーチは弱ったとはいえ強い。だが、エンゲージメントの深さが大きく下がった。

今もテレビは、昔ほどではないにしろ、広いリーチを誇っています（図表3－9）。

ただし、エンゲージについては急落していると思います（数字で明確に測るのは難しいですが）。私の実感では、とくにハイエンド層の中で、NHK以外の番組名が会話の話題に上ることが少なくなりました。マスが消えた現代でも、民放は視聴率というリーチ基準の数字を追わざるを得ないため、ほとんどの人にとって薄いコンテンツになってしまっています。最強のサブスクリプション企業として潤沢な予算を抱え、視聴率だけを基準にしなくていいNHKとの差が開くのは、やむを得ないところがあります。

大衆性を持たせたものは、どこかダサくなります。かつ、みなに薄く広く刺さるものは、誰にも深く刺さりません。

図表3-10｜積み上げ型のネットフリックス

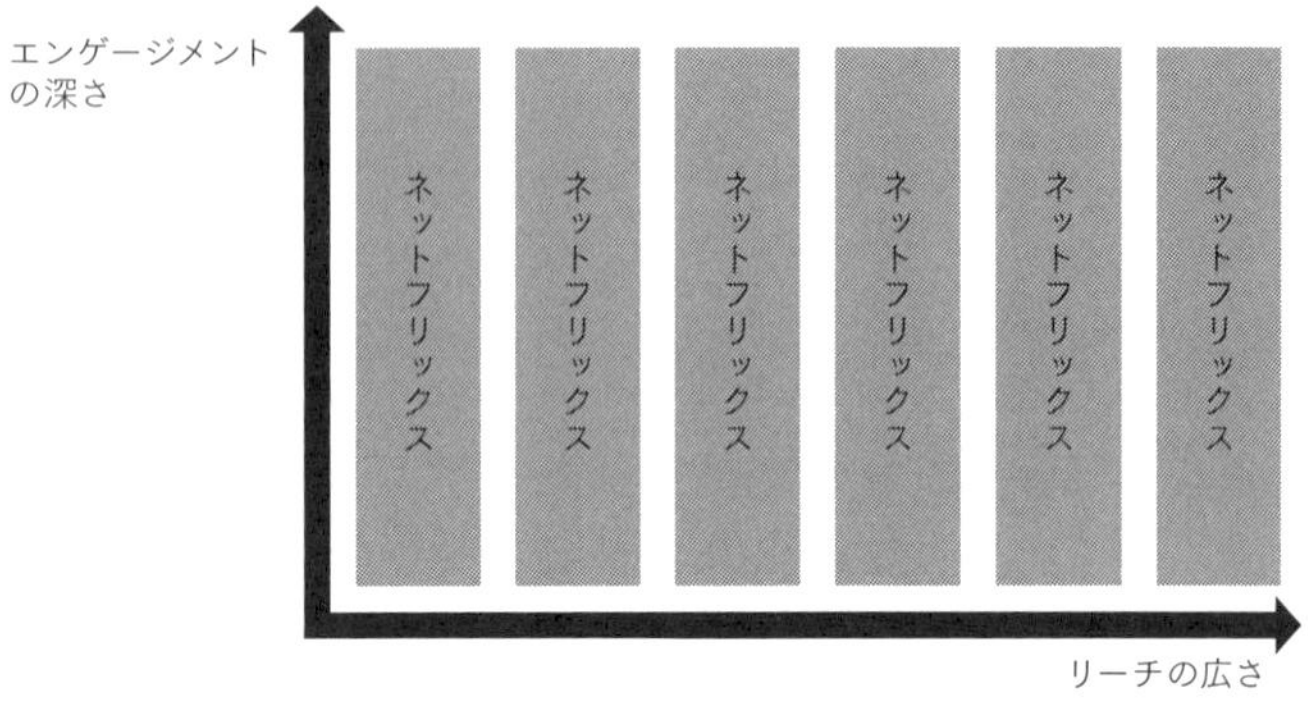

ネットフリックスの個々の番組のリーチは限定的。しかし、エンゲージメントが深いため、各番組を束ねていくとリーチも広くなる。

今後の世界では、圧倒的に強いマスは、どんどん消えていくでしょう。国民的な話題となるのは、皇室の話、災害の話、事件の話、五輪など日本代表戦の話、そして、紅白歌合戦ぐらいになるはずです。

代わりに強くなるのが、一部の人に深く刺さるニッチコンテンツです。

それをグローバル規模で行っているのが、ネットフリックスです。今のところ日本では苦戦しており、リーチでは地上波の足元にも及びません。しかし、世界での視聴者数を積み上げると、会員数は約1・5億人（2019年3月末時点）に達しています。

ドラマやドキュメンタリーを中心に、グローバルニッチコンテンツをたくさん並べて視聴者を積み上げることにより、結果として、グロー

図表3-11｜縦に深掘りし、横展開する

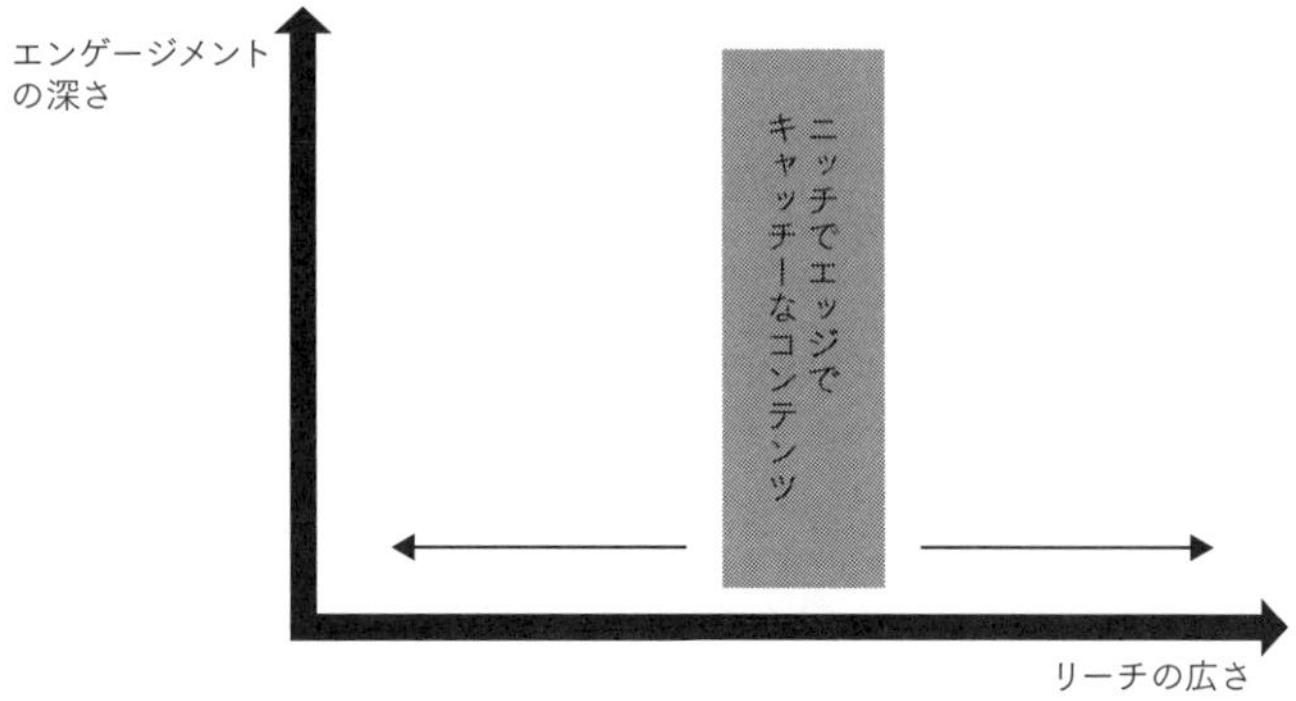

ニッチでエッジでキャッチーなコンテンツは、当初はリーチが限られても、徐々にすそ野が広がっていく。

バルマスメディアとなっている（図表3－10）。1つひとつのコンテンツでマスを狙うのではなく、グローバルニッチの集合体としてマスのプラットフォームとなる。それがネットフリックスの戦略です。

日本市場は、英語圏市場に比べると極めて小さいため、ネットフリックスと完全に同じ戦略は取りづらいところはありますが、その手法を応用することはできます。

たとえば日本でも、一部の人に深く長く刺さるニッチでエッジでキャッチーなコンテンツを提供して、濃い支持層を作る。そこから評判が染み出ていって、顧客のすそ野が広がっていき、ゆくゆくは日本を超えて世界にも伝播していく（図表3－11）。そんな時間軸でのヒット誕生がこれから増えてくるでしょう。

最初に特定ターゲットへ縦に深く刺して、そこから徐々に横に広げていく。この戦略は、今後あらゆるビジネスの定石となるはずです。以前、秋元康さんと対談した際に、「すべてのメジャーはニッチから生まれる。ニューズピックスはマスを狙わず、ニッチを狙っていくべき」というアドバイスをもらいましたが、この教えを肝に銘じたいと思っています。

ニュースよりもインサイト

2つ目のエンゲージを高めるポイントは、「ニュースよりもインサイト」です。もちろん、ニュースが大事でないというわけではありません。ファクトベースのニュースは今後も社会にとって極めて重要です。とくに調査報道によって新たなファクトを掘り出すニュースの価値は、落ちることはないでしょう。

しかし、世の中の大半のニュースは、企業や政府の発表をそのまま報じているものばかりで、コモディティ化しています。そうしたニュースを掲載するだけでは、読者とのつながりを深めて、日々、ニューズピックスを利用してもらうことはできません。

今後、ニュースを読んで、広く浅く知っていることの価値はどんどん下がっていきます。新聞離れが進んでいるのも、モバイルシフトだけが原因ではなく、単なるファクトを記した記事よりも、分析や解説、その背後にあるストーリーを求める人が増えているからでしょう。

ニューヨークタイムズなど海外の新聞は、日本の雑誌記事のような「読ませる記事」が多く、記事にサービス精神があります。それに対して、日本の新聞は短いファクトの羅列が主なため、報告書を読んでいるような気分になります。

小説『坂の上の雲』の中で、兄の秋山好古が新聞を読みふける弟の真之に対して、「おのれの意見のない者が、他人の意見を読むと害になるばかりだ」と諭すシーンがありますが、それは今の時代も同じです。まずは情報よりも教養。教養や経験に乏しいまま、ニュースを読み漁っても血肉になりません。

『フリー』などの著書で有名なクリス・アンダーソンは、エコノミストやWIREDで編集者を務めてきたメディアのプロですが、彼も「ニュースには注意を払わない」と明言しています。「新聞ばかりかニュースはまったく読まない。ラジオも聴かないし、テレビも見ない。だから、今日は何が起きたのか知らないいし、気にもしない。昨日何が起こったのかも知らない。実際のところ、誰かがそれを教えてくれない限り、知ることはない。トランプが何をしたかも知らなければ、ワールドカップの結果も知らない。それでまったく問題ない。ぼくのソーシャルメディアのフィードは

図表3-12｜メディアごとのアイデアの質と量

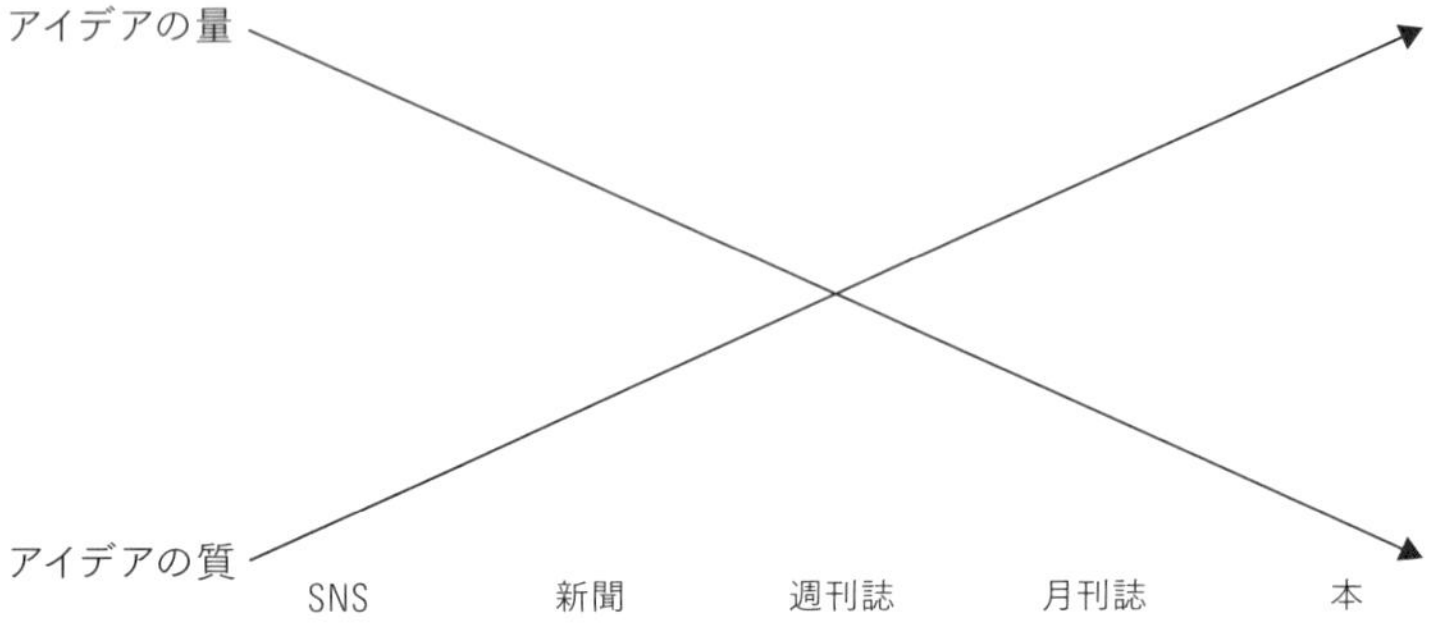

主にテック関連で、ニュースも少し入ってくるけど、たかが知れている」[25]

彼は新聞よりも、月刊誌や書籍を好むと話しています。なぜなら、月刊誌や本はアイデアの量が少ない分、質が高いからです（図表3－12）。より時間軸が長いビッグアイデアが掲載されており、賞味期限が長い。いわば〝腐りにくい〟知なのです。

ニュースピックスでも、今日読んだら明日必要なくなるものではなく、1年後、2年後に読んでも、学ぶところがあるようなコンテンツづくりを意識しています。

一例は、1つのテーマを掘り下げた特集コンテンツです。記事単独ではなく、パッケージで表現するために、ニュースピックスでは1週間で完結する特集を毎週掲載していますが、定番コンテンツとして人気です。

もう1つはインサイトに富んだ論者のインタビューです。とにかく、尖った個人にフォーカスする。タイムリーなテーマに、尖った個人をつなげるということです。

たとえば、普通に教育論を語っても茫漠としてしまいますが、自らサッカースクールを運営する本田圭佑さんと、自ら堀江貴文イノベーション大学校を運営する堀江貴文さんが対談で教育論を語れば、インサイトに富んだものになります。実際、2人の教育をテーマにした対談を3年前に掲載しましたが、この対談は過去最高の課金数（記事をきっかけに有料会員登録した数）を記録しました。

今のような情報があふれた時代には、テーマがいいだけでは不十分です。「タイムリーなテーマ（もしくは普遍的なテーマ）」×「タイムリーな論者（もしくは普遍的な論者）」のかけ合わせが求められています。その意味では、個が深く単一テーマを深掘りする「本」というコンテンツは、古いようで、もっとも時代性のあるフォーマットなのかもしれません。

コミュニティの創り方、活かし方

3つ目のエンゲージのカギは、ユーザーコミュニティを創り、じっくり育てていくことです。ニッチ×エッジ×キャッチーな、心に刺さるコンテンツやサービスやモノを創れたら、深い愛を持ってくれるファンが生まれます。そうしたファンの方々は、メディアにとって貴重な財産になります。リピーターになってくれたり、フィードバックをくれたり、口コミでいい評判を広げてくれたり、ファン同士でコミュニティを創ってくれたり、顧客という枠にとどまらず、長くお付き合いできる心強い「パートナー」になるのです。

ファンをうまくコミュニティ化してきた代表例は、ジャニーズ事務所でしょう。各アイドルのファンクラブに入ると、会報の送付、コンサートや舞台のチケット申し込み、限定動画の閲覧といった特典が得られ、自分の好きなアイドルの情報を定期的に得ることができます。

ファンコミュニティは、ビジネス面でも強力な基盤です。たとえば、嵐の会費は年間4000円で、会員数は2019年1月時点で250万人に上ります。会費だけで、年間収入は100億円です。テレビの出演料やCM契約料に頼らずとも十分な収入を得られるため、テレビに対しても交渉力が高まります。経営の自由度が高まるのです。

ジャニーズ事務所は賢い例ですが、他の多くのビジネスでは、売ったら売りっぱなしで、ユーザーとのコミュニケーションは薄いままです。ポイントカードの普及は進んでいますが、それはコミュニケーションとは言いませんし、エンゲージメントを高めるとも限りません。むしろ、いちいちカードの提出を求められてうっとうしいと思う人も多いはずです。

「コミュニティづくり下手」の筆頭が、出版業界です。業界全体は縮小傾向にあるとはいえ、未だ1・5兆円の規模を持ち、毎年6億冊もの本が売れていきます。とくに本の場合は、千数百円も出して著者の本を買い、数時間読みふけるわけですから、エンゲージメントはとても高いはずです。にもかかわらず、書店も出版社も、誰がどの本を買ったかという情報を持っていません。「村上春樹の著書を買ったことのあるユーザーに、新刊の案内を送る」といった当たり前のことすら、できていないのです。1冊1冊、見込み客もいないまま、出たとこ勝負で市場に投入することしかできないため、部数を正確に予測できません。過去のユーザーデータの蓄積を活かせないのです。雑誌も同様です。多くの雑誌は定期購読の比率が低いため、特集ごとに部数が大きくぶれて、返本が山積みとなっています（現在、平均の返品率はなんと4割を超えています。資源の壮大なムダ遣いです）。

その結果、eコマースを通じて顧客の販売データを握っているAmazonの一人勝ちとなり、書店も減り続けて、出版社の経営も右肩下がりです。

こうした状況を打破するためにも、コミュニティを大切にしないといけません。コミュニティがあれば、さまざまなメリットが生まれるからです。

1つ目は、プレマーケティング。たとえば、完成前の原稿を見せるなど制作過程でコミュニティメンバーを巻き込むことによって、マーケットでの受け入れられ方を発売前に調査することが可能になります。

2つ目は、部数の安定化。前作を買ってくれたファンに告知すると、買ってもらえる可能性は一般客より断然高くなるはずです。とくに、制作過程に関わってくれたユーザーは思い入れがあるため、高い確率で買ってくれるのではないでしょうか。

3つ目は、プロモーション。発売後にSNSなどでつぶやいてくれたり、口コミで紹介してくれたりするため、初速の勢いが付きやすくなります（もちろん、Truthの時代ですから、質の低い商品を出せば、ネガティブに批評されるリスクはあります）。

日本では毎日200冊もの新刊が発売されますので、その中で頭角を現すにはスタートダッシュが欠かせません。書店の目立つ位置に置いてもらえるかどうかは、発売後2週間程度の実売で勝敗が分かれます。初速でアクセルを踏めるメリットは、とても大きいのです。

こうしたコミュニティの活用を巧みに行ったのが、ニューズピックスブック編集長を務める幻冬舎の箕輪《みのわ》厚介《こうすけ》さんです。ニューズピックスブックから多数のヒットが生まれた背景には、箕輪さん

図表3-13｜ニューズピックスブックの売れ方

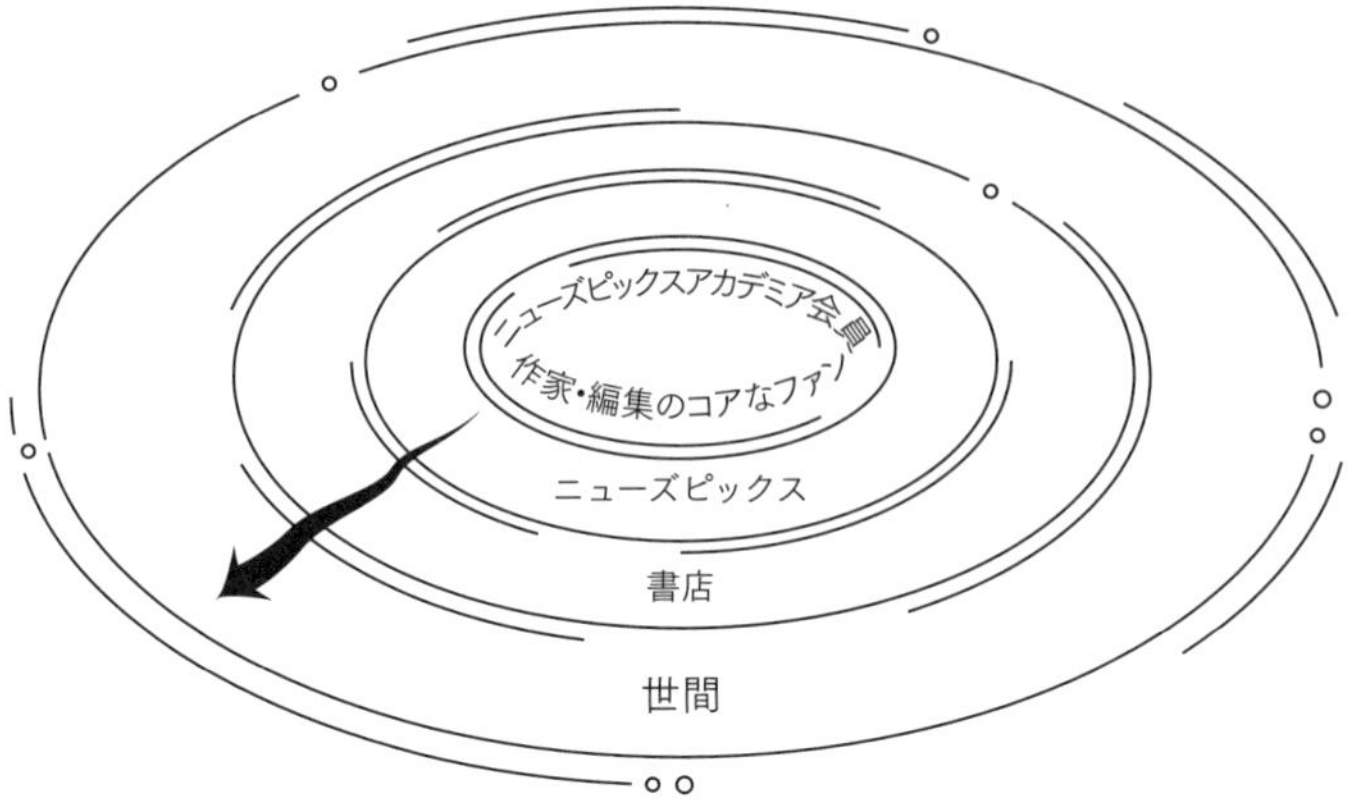

水紋のように、無理なく波及していく

出所｜『We Are Lonely, But Not Alone』（ニューズピックスブック／幻冬舎）

のコンテンツ編集力とコミュニティ編集力がありました。

先ほども紹介しましたが、ニューズピックスではニューズピックスアカデミアという月額5000円の会員プランがあります。アカデミア会員になると、ニューズピックスの記事・動画、MOOC（オンライン講義）が観られる上、イベントにも参加できて、毎月、ニューズピックスブックの本が発売日の1週間ほど前に自宅に届きます。いわば、学びと書籍のサブスクリプションモデルです。

上の図表3－13に示したように、コミュニティのコアにいるアカデミア会員がいち早く本を読んで、その評判を書店や世間に広げることによって、本が水紋のように市場全体に波及していきます。このコミュニティと連動したモデルを確立したことが、ニューズピックスブックの勝因の1つです。

時代の振り子は「リアル」に振れる

第2章で、「コミュニティを深めるには、リアルの場を持つことが大事」と述べましたが、ニューズピックスにとっても、オンラインとオフラインの融合は大きなテーマです。

過去7年近くにわたって、私はデジタルメディアに編集長や責任者として関わってきましたが、どうしても性として、紙などのモノ、イベントや講義などの人とのリアルな話などに向かってしまうところがあります。これは私が単に古い人間であるということもあるのですが、人間の本質として、リアルの方が深い人間関係が築きやすいからではないかと思っています。

ニューズピックスに加入して以来、計5年間、1万以上の記事をオンラインで配信してきましたが、どうしても心から満足感を得られない自分がいます。オンラインだけだと、手ごたえがないのです。世の中に深くインパクトを与えたと感じられたのは、2016年の都知事選の際に猪瀬直樹さんにインタビューした「猪瀬直樹が語る『東京のガン』」という記事くらいでした。

これからメディアの世界に限らず、もう一度、リアルの方に振り子が振れる予感がしています。ネットが当たり前になりすぎて、逆説的にリアルのおもしろさの価値が高まりつつあるのではないでしょうか。きっと今後は、オンラインとオフラインが完全に一体化したコミュニティが生まれてくるはずです。

オンラインとオフラインを統合した小売をジャック・マーは「ニューリテール」という思想で表しましたが、それになぞらえると、「ニューコミュニティ」といったところでしょうか。

そもそも、日本のように国土が狭く、人が密集している国では(東京が典型)、人がオフラインで会うコストは高くありません。国土が膨大な米国を真似してリモートに振りすぎるよりも、日本の地理的特徴を活かして、リアル空間をとにかく充実させたほうが、異質な人たちの化学反応が起きやすくなるのではないでしょうか。

オンラインとオフラインが融合したコミュニティづくりは、ビジネスチャンスになるだけでなく、公共空間としても今後重要性を増していくはずです。

図表3-14｜ニューズピックスの編集思考

セレクト	スマホファーストの経済メディアを選択 ニュースの選択（人とアルゴリズムの両極に振る） コメントの選択（実名限定、プロピッカーの選出）
コネクト	プロコンテンツとユーザー発信型コンテンツの融合 テクノロジー×コンテンツ×ビジネスの融合 ネット、本、雑誌、映像、音声、イベントなどフォーマットの融合
プロモート	コメントによる拡散効果（SNS連動） 若手、都市圏、西海岸からリーチ（Timeline） さよなら、おっさん。新しい経済圏（Thought）
エンゲージ	サブスクリプションモデルの採用 エッジ、ニッチ、キャッチーなコンテンツ リアルなモノや場を通じたコミュニティづくり

第4章　世界最先端企業の編集思考（ネットフリックス、ディズニー、WeWork）

コンテンツ黄金時代、開幕

ここからは、世界最先端企業の戦略を、編集思考で紐解いていきましょう。まずは、コンテンツ業界のディスラプターとして世界中で注目されるネットフリックス。ネットフリックスの躍進を理解するには、背景にある業界構造の変化を押さえておかなければいけません。

ちなみに、「ニューズピックスはどの会社を参考にして運営していますか？」とよく聞かれますが、その1つがネットフリックスです。

メディアの新旧交代を強烈に印象づけた「3億ドル」の契約金

みなさんは、これからの時代にもっとも有望な産業はなんだと思いますか？　AIが当たり前になった時代に、どんな仕事の価値が上がると思いますか？

私の答えは明確です。コンテンツ産業こそが、もっとも有望です。編集思考を駆使して、新しいストーリー、エンタメ、芸術を創れる人の価値が飛躍的に上がると確信しています。それを証明しているのが、ネットフリックスの快進撃です。

2018年2月13日、映画界、ドラマ界に衝撃を与えるニュースが全米を駆け巡りました。「テレビの歴史上もっとも高額な報酬契約」が成立したのです。

契約を結んだのは、ネットフリックスと、ドラマプロデューサーで脚本家のライアン・マーフィー。その金額は5年で約3億ドルです。日本円で300億円を超えます。トム・クルーズ、ブラッド・ピット、レオナルド・ディカプリオといったスターでも、1作品の報酬は1000万ドル程度ですから、この金額がいかに莫大なのかがよくわかります。

これぞまさに新時代のアメリカンドリーム。『glee』『アメリカン・ホラー・ストーリー』『アメリカン・クライム・ストーリー』などのヒットドラマシリーズを手掛けてきたマーフィーが、コンテンツ界の新たな1ページを切り拓いたのです。とくに、大手スタジオの一角である20世紀フォックスからネットフリックスへの移籍だっただけに、新旧の主役交代を印象付けました。

発表当日、マーフィーはこんなコメントを寄せました。

「私にとって今まさに歴史的な瞬間を迎えました。1989年、私はインディアナ州からハリウッドに来たばかりで、ポケットに55ドルしか持たない、ゲイの青年でした。あの頃の夢が、このように大きな実を結んだことが本当に信じられません」[26]

マーフィーの契約が象徴するように、トップクリエーターたちの価値はかつての10倍以上に膨らんでいます。クリエーターバブルと呼ばれるほどの、「クリエーター黄金時代」が到来しているのです。

このブームの火付け役となったのが、ネットフリックスです。伝統的な映画スタジオやテレビ局が予算を絞る中で、コンテンツやクリエーターに惜しみなく資金を投下。コンテンツの中心地は、もはやテレビや映画ではなく、デジタル配信に移りつつあります。

過去5年間で、ネット向けに配信された（ドラマなどの）脚本のある番組数は右肩上がりで上昇、２０１８年には１６０番組に達し、地上派テレビの１４６番組を抜き去りました（図表４－１）。まさにネット配信バブル、ドラマバブル、ストーリーバブルが訪れているのです。

こうした流れの中で、引く手あまたになっているのが、脚本家、プロデューサー、ショーランナーといったプロフェッショナルです。

ショーランナーとは、米国やカナダのテレビ番組において、現場で指揮をとる責任者を指します。映画でいう監督に近い存在です。ビジネス面からクリエイティブ面までを統括し、ディレクター、アーティスト、役者、技術担当など、あらゆるメンバーをまとめて、コンテンツを創り上げていく、

図表4-1｜番組数の推移（地上派テレビ vs. ネット）

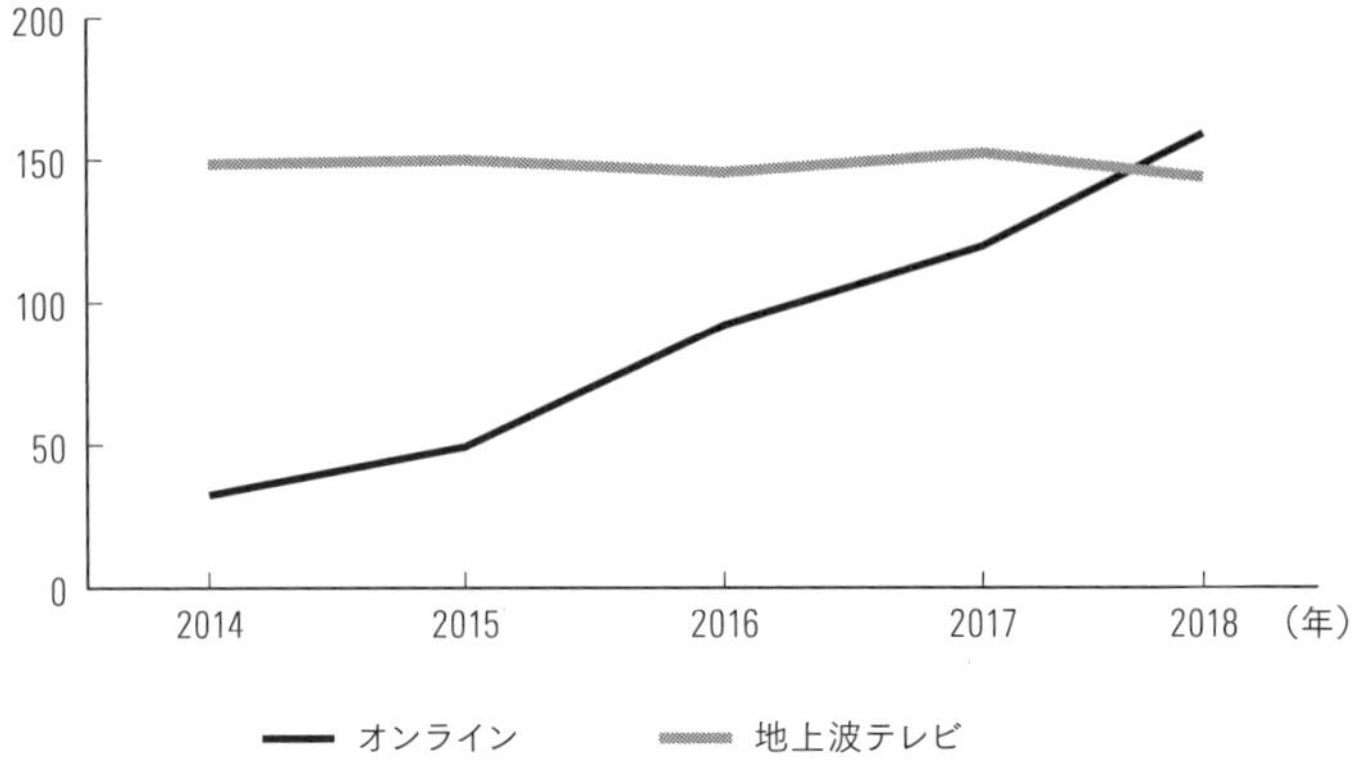

出所｜FX Networks

まさに編集長のような役割です。いわば、編集思考の天才、最強の実践者と言えるでしょう。このショーランナーの第一人者がマーフィーなのです（ちなみに、彼のネットフリックスでのデビュー作は、ハリウッドをテーマにした作品となる見込みです）。

マーフィーの契約に限らず、今、米国では大型契約が相次いでいます。

先陣を切ったのは、2017年の夏にネットフリックスと契約したションダ・ライムズ。5年で1・5億ドルの大型契約でした。ライムズは、脚本家、テレビ監督、プロデューサーとして、医療ドラマ『グレイズ・アナトミー』『スキャンダル』『殺人を無罪にする方法』などのヒットを飛ばしてきた人物です。

それまでライムズはディズニー傘下のテレビ局ABCと契約を結んでいましたが、その金額は推定1000万ドルでした。つまり、年換算で3倍近くのサラリーアップを勝ち取ったのです。

ネットフリックスの勢いはとどまるところを知りません。2019年4月には、マーフィーの右腕として『glee』を共同制作し、ドラマ『アメリカン・ホラー・ストーリー』のエグゼクティブ・プロデューサーであるブラッド・ファルチャックとの大型契約を発表しました。今、ネットフリックスには世界中の才能が続々と集まっているのです。

Amazonも、クリストファー・ノーランの弟であり、人気SFドラマ『ウエストワールド』の制作総指揮を務めるジョナサン・ノーランと妻のリサ・ジョイとの大型契約（5年間、1・5億ドル）を発表。さらに、約2億ドルの予算で『ロード・オブ・ザ・リング』のテレビシリーズ制作を発表するなど、ネットフリックスとともに、ハリウッドを揺さぶる台風の目となっています。

既存のテレビ局や映画スタジオも、ネットフリックスやAmazonの札束攻撃を指をくわえて眺めているわけではありません。すでに反撃を開始しています。

2018年6月には、ワーナーブラザースは、『エバーウッド 遥かなるコロラド』『ブラザーズ&シスターズ』『ARROW／アロー』で知られるグレッグ・バーランティとの契約を締結。5年で4億ドルという、マーフィーを超えるメガディールになりました。さらに2019年には、『24』『Xファイル』『ホームランド』で知られるハワード・ゴードンとアレックス・ガンサのコンビが20

図表4-2｜大物プロデューサーの契約金

プロデューサー名（年齢）	金額	代表作
ライアン・マーフィー（53）	3億ドル（ネットフリックス）	glee
サム・エスメイル（41）	4億ドル（ユニバーサル）	Mr.Robot
ションダ・ライムズ（49）	1.5億ドル（ネットフリックス）	グレイズ・アナトミー
グレッグ・バーランティ（47）	4億ドル（ワーナーブラザーズ）	ARROW／アロー
ブラッド・ファルチャック（47）	不明（ネットフリックス）	アメリカン・ホラー・ストーリー
ジョナサン・ノーラン（43）	1.5億ドル（Amazon）	ウエストワールド
ハワード・ゴードン（58）＆アレックス・ガンサ	不明（ソニー）	24、ホームランド

出所｜報道資料より筆者作成

世紀フォックスからソニーへの移籍を決めました。ネットフリックスやAmazonへの流出は防げた格好です（図表4－2）。

最強の金の成る木「ＩＰ」

それにしても、なぜこれほど契約金額が高騰しているのでしょうか。

理由は2つあります。

1つ目は、世界規模のコンテンツ争奪戦です。テレビ局、映画スタジオに加えて、ネットフリックス、Amazonなどの巨大テック企業やAT&Tなどの通信キャリアが参入。さらに、Appleが参戦したことで、空前のコンテンツ囲い込み戦争が勃発しています。米国勢以外でも、アリババ、テンセントなどの中国テック企業が影響力を拡大。アリババが共同制作した『ミッション・インポッシブル／フォールアウト』など、世界中でコンテンツへの投資が加速しています。

ハリウッド側も、ディズニーが20世紀フォックスを713億ドルで買収するなど、合従連衡が進んでいます。ディズニー・20世紀フォックス連合、ワーナーブラザーズ、ユニバーサル、パラマウント、ソニーの5大スタジオに集約される中で、札束での応戦が始まっているのです。

巨大テック企業にとって国境の壁は高くありません。大胆かつ迅速にグローバル展開できるため、米国内中心のテレビ局や映画スタジオよりも多額のお金を投資することができます。Amazonの場合は、コンテンツ自体で稼がなくてもいいという強みもあります。

ディズニーも負けじと、ネットフリックスへのコンテンツ供給を今後停止するとともに、独自サービスのディズニー・プラスの始動を決めました。Huluも傘下に収めることで、独自のストリーミングサービスを一気に強化しています。これらの打ち手によって、一時期はネットフリックスに時価総額で抜かれたものの、再び突き放しました。同じく、ワーナーブラザースもストリーミングへの参入を発表するなど、ネットフリックス対策を打ち出しています。

もう1つの契約金高騰の理由は、IP（Intellectual Property＝知的財産権）の獲得です。コンテンツに関連するIPの価値が上がっているのです。

単に俳優、監督という立場であれば、ここまで契約額は引き上がりません。マーフィーなどのショーランナーは脚本、監督、プロデューサーまですべてをセットでできる上、ＩＰという権利の根っこを押さえています。だからこそ、買い手側にとって高額な契約金を払う価値があるのです。ＩＰがあれば、契約側は、映像のデジタル配信、ゲーム、グッズなどへのライセンス展開、テーマパークでの使用など、新たな収入源を確保することができます。

ショーランナーこそ、まさに編集思考を体現しています。１つひとつの分野のプロになるだけでなく、主要な機能をすべて自分１人で負うことができる。いわば、１人垂直統合モデル、１人ＳＰＡです。ひととおり自分でできることが増えれば増えるほど、力を貸してくれる各分野のプロのネットワークが広がり、唯一無二の存在になれます。今、マルチな才能を束ねる才能の価値はどんどん高まっているのです。

ネットフリックスなどの参入により俳優陣の給与も上がってはいますが、ショーランナーに比べると上昇幅は限定的です。俳優はあくまで〝点〟。その点と点をつなぎ物語やキャラクターを〝面〟で紡ぎ出すショーランナーの方が価値は高いのです。

次ページ図表４－３に記したのは、米国のハリウッド俳優の出演料ランキングです。トップのライアン・レイノルズでも30億円程度。レオナルド・ディカプリオ、トム・クルーズといった俳優でも10億円強といったところです。

図表4-3｜米国のハリウッド俳優の出演料ランキング

	名前	出演料（百万ドル）	出演作
1	ライアン・レイノルズ	27	6アンダーグラウンド
2	ドウェイン・ジョンソン	20	ワイルド・スピード/スーパーコンボ
2	ロバート・ダウニー・Jr	20	ドリトル先生
4	ウィル・スミス	17	バッドボーイズ・フォー・ライフ
5	ジェイソン・ステイサム	13	ワイルド・スピード/スーパーコンボ
6	トム・クルーズ	12－14	トップガン・マーベリック
7	エミリー・ブラント	12－13	クワイエット・プレイス２
8	ブラッド・ピット	10	ワンス・アポン・ア・タイム・イン・ハリウッド
8	ガル・ガドット	10	ワンダーウーマン1984
8	レオナルド・ディカプリオ	10	ワンス・アポン・ア・タイム・イン・ハリウッド

出所｜VARIETY

そうした潮流の中、俳優からプロデューサーへと軸足を移すスターも増えています。顕著な成功例が、ブラッド・ピットです。

２００２年に制作会社「プランBエンターテインメント」を共同設立し、現在は単独でCEOを務めています。映画スターが自らプロダクションを立ち上げることはままありますが、彼ほどプロデューサーとしての手腕が評価されている俳優出身者は珍しい。

最初の作品である『トロイ』（２００４年）に始まり、クオリティの高い作品を連発しています。ティム・バートン監督の『チャーリーとチョコレート工場』（05年）、マーティン・スコセッシ監督がオスカーを獲得した『ディパーテッド』（06年）、ヒーロー作品の『キック・アス』（10年）、ジュリア・ロバーツ主演の『食べて、祈って、恋をして』（10年）。カンヌ国際映画祭で最高賞のパルム・ドールを受賞した、テレンス・マリック監督の『ツリー・オブ・ライフ』(11年)、自ら出演しアカデミー作品賞を含む3冠を獲得したスティーヴ・マックイーン監督の『それでも夜は明ける』(13年)。さらにエグゼクティブプロデューサーとして名を連ねた『ムーンライト』(16年)でもアカデミー賞を受賞しました。

エイブラムスという時代の寵児

加熱するクリエーター獲得競争の中心に立つのが、スター・ウォーズシリーズ(最新作も2019年末公開予定)、『スタートレック』『ミッション・インポッシブル3』を手掛けた、J・J・エイブラムスです。

彼は、自身の制作会社であるバッド・ロボット・プロダクションを1998年に創業しました。バッド・ロボットは『スター・ウォーズ エピソード7／フォースの覚醒』のプロデュースを手掛けたことでも知られています。すでに日本で大ヒットしたアニメ映画『君の名は。』のリメイク権を獲得しており、グローバル版を制作することが決まっています。

彼の動きは、マーフィーのさらに先を行っています。単に自分の創ったストーリーとIPを売りにするだけではなく、IPを用いた派生ビジネスもすべて手掛けようとしています。妻でプロデューサーのケイティー・マクグラスとともに経営する自らのスタジオで、すべてのビジネスを行おうとしているのです。

具体的には、脚本家・監督・プロデューサーとしてドラマを制作することに加えて、音楽レーベル、出版、ゲーム、キャラクターを使ったグッズ展開、テーマパークのプロデュースなどに挑戦しています。これぞ、究極の編集思考。丸ごとなんでも束ねることで異次元の規模のビジネスを行おうとしているのです。

エイブラムスはこれらすべての権利・ビジネスを行うパートナーとして、マーフィーの3億ドルを超す、世界最高金額5億ドルでワーナーと契約する見込みです。

エイブラムスの生き方は、起業家とは異なる新たなスターモデルとなる可能性を秘めています。起業家は自らモノやサービスを生み出すわけではありません。スティーブ・ジョブズも自らiPhoneを設計するわけではありません。それに対して、バッド・ロボットでは、すべての中心はエイブラムス。彼が作品を創り、そこからあらゆる商品に二次展開、三次展開していき、エイブラムスワールドを広げていく。1人のクリエーターによって数億ドルのビジネスが生まれる、究極の才能依存型ビジネスと言えます。インターネットやグローバル化によって、1人のクリエイティビティがこれほどにまで拡張する時代が到来しているのです。

すでにエイブラムスは、2018年6月には中国のテンセントの出資を受け、ゲーム会社のバッド・ロボット・ゲームスを設立。テンセントが中国でゲームの展開を行う権利を獲得しています。世界のゲーム産業の規模は1350億ドルに達しており、10％以上の勢いで成長中です。これは世界の映画ビジネスの3倍以上。エイブラムスは、映画の世界からさらに大きなマーケットへと出ていこうとしています。

彼の挑戦の1つのロールモデルとなるのが、ハリー・ポッターです。ハリー・ポッターシリーズは本を皮切りに、映画、テーマパーク、グッズ販売などを加えることで、250億ドルのビジネスになっています。[27]映画だけでも十分大きいですが、そこに周辺ビジネスを加えると（とくにグッズ展開しやすい作品の場合）、とてつもない規模のビジネスに育つ潜在力があるのです。

日本にもコンテンツ黄金時代が到来する

エイブラムスともイメージが重なるような、新時代のプロデューサーが日本にもいます。川村元気さんです。本業の映画のプロデュースに加え、脚本も書けて、小説も書けて、実写にもアニメにも精通。マーケティングにも長けていて、経営者でもあります。まさに、「クリエイティブの十種競技」のスターです。

川村さんは東宝からスピンアウトする形で、アニメ作品などの企画開発を行うＳＴＯＲＹを創業。その第１弾として、新海誠監督の『天気の子』をプロデュースしています。一見地味なニュースですが、この一手は、日本のコンテンツ業界に大きなインパクトをもたらすものです。

これまで日本の映画プロデューサーは、決して稼げる仕事ではありませんでした。最大手の東宝でも、年収はテレビ局ほど高くありません。

それに対して、ＳＴＯＲＹは川村さんが自ら出資する会社なので（東宝も一部出資）、作品がヒットすれば、金銭的な対価も大きくなります。かつ、ＩＰも保有できますので、映画興行のみに頼らない多様なマネタイズが可能です。そして何よりも、アニメなので、グローバル展開がしやすい。バッド・ロボットと組んで制作する『君の名は。』のハリウッド実写版がヒットすれば、桁外れの名声と収入と自由を得られるはずです。『天気の子』はすでに１４０を超える国と地域での公開が決定しています。

ハリウッドで世界最高金額での契約を結ぶエイブラムスと、日本発でグローバルなゲームを仕掛ける川村さん。この２人がタッグを組むことに時代の必然を感じます。世界をまたいだコンテンツ黄金時代が今、幕を開けようとしているのです。

コンテンツ獲得競争が過熱しているのは、日本も同じです。ヤフーは動画コンテンツに100億円を投じると発表。日本ではやや苦戦気味ではありますが、ネットフリックスもアニメを中心にコンテンツへの投資を増しています。Amazonも、『ドキュメンタル』『バチェラー』といったヒット作に続くコンテンツ開発に注力しています。

さらに今後は、2020年からの5G（第五世代移動通信）の本格化を控えて、通信キャリアによるコンテンツ争奪戦が盛り上がるでしょう。端末や料金での競争が飽和してくる中、魅力的なコンテンツが契約者を引き付ける差別化要因になるからです。

コンテンツへの需要が高まるにつれ、日本でも、プロデューサー、脚本家、クリエーターといったIPとストーリーの種を持つ才能の引き抜き合戦が過熱するでしょう。今はテレビや映画やCMの世界に集結している優れたプロデューサーや脚本家が、新たなチャンスを求めて大移動する可能性は十分にあります。

構成作家の鈴木おさむさんとこれからのクリエーターの生き方について話したとき、「日本のテレビ番組を創っているクリエーターのレベルは高い。日本でも優秀な映像クリエーターはこれからチームで独立するケースも増えてくるのでは」と予想していました。テレビは、憧れの仕事としてこれまでクリエーターを引き付けてきましたが、今後、人気も報酬も下がっていくでしょう。

ネットフリックスの編集思考

運命を変えた3つのターニングポイント

ここで、少しネットフリックスの歴史をおさらいしておきましょう。ネットフリックスは1997年にDVDの宅配レンタルの会社として始まりました。日本のTSUTAYAのレンタル事業をオンラインのみで行うようなイメージです。そこから20年で世界に冠たるコンテンツ企業に駆け上るわけですが、同社の運命を決定づけたターニングポイントは3つあります。

1つ目は、1999年の月額サブスクリプションモデル（一定額を支払うと借り放題）の導入です。

これは今から見るとささいな判断に見えるかもしれませんが、当時としては会社を揺るがす決断でした。当時のDVDレンタルは、レンタル料に加えて生じる、延滞料金が収入の柱。料金を定額にするということは、その柱を捨てることを意味したのです。そのリスクを恐れず、サブスクリプションシフトを行ったことが、現在の定額モデルの基盤となりました。この頃すでに成功の種はまかれていたのです。

２つ目は、大胆なオンラインシフトです。

創業10年目の２００７年に、ＤＶＤレンタルの将来性に見切りをつけ（今も事業は継続）、オンライン配信に一気にシフトしました。この決断が後の快進撃につながります。３年後には、２００万人の会員を抱えるサービスへと成長しました。

３つ目は、オリジナルコンテンツへの参入です。

代表作となったのが、２０１３年に配信した『ハウス・オブ・カード』です。ドラマの舞台はワシントン。デヴィッド・フィンチャー監督、ケヴィン・スペイシー主演というスターコンビで米国政治を描いた本作に、ネットフリックスは1億ドルを投じました。まさに大博打です。

この決断に踏み切ったリーダーが、現在ＣＣＯ（チーフコンテンツオフィサー）として、ネットフリックスのコンテンツを統括するテッド・サランドスです（資料４－１）。彼は当時の決断をこう振り返ります。

「それは、我々がインターネットテレビの未来に賭けていたからできたことです。当時も、インターネットテレビのサービスは、極めて大きくなり、競合もどんどん増えていくので、将来的には、ほかのサービスと差別化を図らないといけないのは事実でした。でも、あくまで将来の話で、正直、その時点ではオリジナル作品を作る必然性まではありませんでした。でも、あの時に本当にやってよかった」[28]

資料4-1｜テッド・サランドス

出所｜Netflix media center

この賭けに、ネットフリックスは勝利します。『ハウス・オブ・カード』はテレビ界でもっとも栄誉のあるエミー賞の8部門にノミネート。これはオンライン配信のみの番組では初のことでした。さらに、翌年に配信されたシーズン2もエミー賞の13部門にノミネートされます。これによって、ネットフリックスのブランドは、視聴者の間でもハリウッドでも確たるものになったのです。

その後もネットフリックスは破竹の勢いで急成長していきます。2019年3月時点での世界の有料会員数は1億4890万人に達し、人類史上初の「グローバルなテレビ」と言われるほどになりました。

ネットフリックスは、世界にコンテンツ黄金時代をもたらした立役者とも言えます。米国で放送・配信されたドラマ数（ケーブルテレビ含む）

は、2011年の266番組から、2018年には495番組へとほぼ倍増。制作費もうなぎ上りとなりました。かつて1話300万ドルが相場だった制作費は、1000万ドルに上昇しています。[29] テレビドラマやオンライン配信向けドラマのクオリティが飛躍的に上がり、映画との境目がなくなっていったのです。

その最高到達点が、エミー賞の最多受賞記録を更新した『ゲーム・オブ・スローンズ』です。ファーストシーズンで1話当たり500万ドルだった制作費は、ファイナルシーズンではなんと1話1500万ドルまで跳ね上がりました。

ネットフリックスのセレクト

選んだら、後は任せる

なぜネットフリックスはこれほど成功することができたのでしょうか。

その強みは、「コンテンツのセレクト力」にあると言っても過言ではありません。その根幹にあるのが、前出のサランドスの人選力と哲学です。ニューズピックスのインタビューでサランドスが語った言葉を引用してみましょう。

「私は、テレビの制作、配信についてのビジネスを大学で学んできて、何でこんなにテレビ番組の失敗率が高いのかを常に分析しようとしてきました。ほとんどのテレビ番組や映画は、どれだけ多くのリサーチや経験をもってしても、失敗していたんですね。

なぜ、そうなるのか？　そこには、ビジネス側のエグゼクティブと、クリエイターの、交差点（クロスオーバーポイント）があるからだと、確信したのです。エグゼクティブ側は、得意でもないのに、クリエイターたちの創作プロセスに深く関わりたがる傾向があるんですね。それは、私も含めてです。なので、例えば、私は、ゲットダウンについて、ラーマン監督と比べると、ほとんど内容を知りません。つまり、そのトリックというのは、我々のスキルはまさに作品を『ピック(選ぶ)』することにこそある、ということなのです。そして、『ピック』する仕事であれば、これまでも長きにわたって経験を積んでいたことです。レンタルのためのDVDを選ぶのもそうですし、インターネットでもそうです。一度番組をピックし、その番組を運営する人をピックすれば、後は、(制作プロセスの)道からどいてしまえばいいのです。ですから、私の成功の秘密は、『get out of the way(道からどくこと)』なのです。

〈中略〉

ビジネスの基本哲学として、人に対して、信頼(faith)を置くべき、というのがあります。今、ネットフリックスでは40の異なる番組を制作していますが、エピソード数として、最低でも400~450エピソードになります。そうなると、毎日毎日、最新のストーリーを見ることはできません。ですので、いい作品を『ピック』できるような、私が信用をおける人たちが周りに必要なのですね。つまり自分が20人いるような状態です。そして、私に必要なのは、その『信頼』する能力なのです」[28]

これぞまさに「セレクト」のプロです。自分は選ぶことに特化して、後は才能ある人間に任せていく。その人たちが才能と情熱あるクリエーターを選び、自由な創作環境を与える。それで失敗したら、すべて自らの人選が悪かったのであり、責任は自分にあると割り切るのです。

「ある番組が失敗した場合、それは、間違った人を『ピック』し、間違った番組を『ピック』したことが原因です。努力が足りなかったとか、力を入れすぎたとか、そういうことではありません」と、サランドスは語っています。

セレクトにおいて、適度にデータを使ったことも1つの特徴です。前提として、データはあくまで過去のものであり、未来を完全に読むことはできません。ただ、大外れを防いだり、打率を上げることは可能です。これまで直感や才能に依存していた「セレクト」のプロセスで、より視聴者の立場に立ち、データを活用したところにネットフリックスの強みがあります。

とくに、重い財政的な決断や野心的な番組への投資をするときに、データを用いてその番組の視聴者規模をチェックするのがサランドス流です。クリエーターの直感でのセレクトを尊重し、データでダブルチェックをかける。「信頼」と「データ」にもとづいたネットフリックスのセレクト力は、伝統的なコンテンツ企業との大きな差別化要因になっています。

プロフェッショナルであるからこその「解雇する力」

もう1つ注目に値するのは「解雇する力」、いわば、「見切る力」です。選ぶことは、別れることとも裏腹です。選択には失敗がつきものであるだけに、誤ったピックをしたときの別れ方が大切になります。

ネットフリックスの規律の1つが「積極的に解雇する」。ハイパフォーマーのみを集め、業界最高水準の給料を支払うけれども、ネットフリックスに合わない人材、その仕事にふさわしくないと判断した人材は容赦なく解雇します。いわば、プロのスポーツチームです。

ただ、訴訟沙汰になるケースはほとんどないそうです。

ネットフリックスの元最高人事責任者で、同社のカルチャー基盤を創ったパティ・マッコードは『NETFLIXの最強人事戦略』の中でこう記しています。

「『積極的に解雇する』という規律は、ネットフリックス文化のなかでもマネジャーにとって慣れるのがとびきり難しい部分、いやもっとも難しい部分なのは間違いない。だがほとんどの人がそれを受け入れている」[30]

その上で、「積極的に解雇する」ポリシーを貫く理由をこう語っています。

「マネジャーが受け入れがたい真実を繕い、従業員の解雇を最後の瞬間まで引き延ばし、部下を望まない職務や会社に本当は必要でない職務に縛りつけても、誰のためにもならない。こうしたことの結果、本人だけでなくチームまでもが無力化し、やる気をそがれ、心をむしばまれる。従業員は自分の将来性について本当のことを、リアルタイムで知る権利がある。彼らの、そしてチームの成功を確かなものにするには、ありのままを率直に伝え、新しい機会を探す手助けをするのが一番だ」[31]

選ぶ側は、選んだ相手に真実を伝える覚悟がつねに求められることを、ネットフリックスの人事制度は教えてくれます。

ネットフリックスのコネクト

テクノロジー×クリエイティブ

ネットフリックスは「コネクト」の面でも優れています。

さきに述べたように、ネットフリックスは、映画という「古いコンテンツ」に、つねに「新しい届け方」をつなげてきました。当初は、DVDの宅配レンタルとしてスタートし、オンラインの時代が来ると見るや、過去に縛られずに大胆にオンライン配信へとシフト。エンタメ、映画という古い世界に、シリコンバレー流のテックカルチャーを持ち込むことで、非連続の変化をもたらしました。

当時は、レンタルDVDの全盛時代。最大手のブロックバスターは、ネットフリックスを侮っていました。しかし最後に笑ったのは、ネットフリックス。その後、ブロックバスターもオンライン配信に進出しましたが、時すでに遅し。ネットフリックスに叩きのめされました。

シリコンバレーカルチャーとハリウッドカルチャー。テクノロジーとクリエイティブ。この文化的摩擦が大きいカルチャーを接続したのも、ネットフリックスの見事な「コネクト」戦略です。

一般的に、テクノロジーとクリエイティブは水と油。テクノロジーは数字で見える合理的な世界で、直感よりロジックが優るカルチャーです。対照的に、クリエイティブは人間臭い魑魅魍魎《ちみもうりょう》が跋扈する世界。ロジックよりも直感やセンスや人間関係がモノを言うカルチャーです。

その両者を美しくつなげたのが、「Appleはつねにテクノロジーとリベラルアーツの交差点に立ってきた」との名言を残したスティーブ・ジョブズでした。音楽とテックのかけ合わせで生み出されたのがiPodであり、その発展形としてiPhoneが生まれました。彼はまたアニメとテックのかけ合わせで、ピクサーも生み出しました。そのジョブズでさえ、未完に終わったのがハリウッドとテックの接続です。

ネットフリックスは、ジョブズが残した宿題に答えを出し、目覚ましい結果を残しました。

その立役者は、創業者でＣＥＯのリード・ヘイスティングスと、ＣＣＯのサランドスです。

スタンフォード大学でコンピュータサイエンスの修士号をとったエンジニアであるヘイスティングスと、アリゾナ州立大学でジャーナリズムを学んだ後、ビデオの卸売会社でコンテンツに対する眼を磨いたサランドス。テクノロジーとクリエイティブという異なる強みを持つ２人のリーダーが、絶妙なバランスで経営したこともネットフリックスの勝因です。

サランドスがいかに大きな存在感を有するかは、報酬にも表れています。2018年のサランドスの報酬は、ヘイスティングスと同額の3150万ドル。これは2017年に比べて2割増です。サランドスがいたからこそ、ネットフリックスは強力な外部コンテンツを調達しながら、業界と視聴者をうならせるオリジナルコンテンツを継続的にプロデュースすることができたのです。外部コンテンツと、オリジナルコンテンツをつなげる。「キュレーション×オリジナル」のつながりを生み出せたのも、この最強コンビがいたからこそです。

ネットフリックスのプロモート

思想としての「クリエイティブフリーダム」

次に、プロモートです。第2章で、プロモートには、3つのT（Timeline、Thought、Truth）があると書きましたが、ネットフリックスがとくに巧みなのは「Thought（思想）」の打ち出しです。

2019年、アカデミー賞でネットフリックス制作、アルフォンソ・キュアロン監督の『ROMA／ローマ』が監督賞、外国語映画賞、撮影賞をトリプル受賞しました。ネットフリックス作品として初のアカデミー賞に輝いたことにより、名声はさらに高まりました。商業面のみならず、芸術面でも業界に貢献できることを示し、「クリエーターの創造性を解放する企業」として確固たる地位を築いたのです。

コンテンツのクオリティはお金と人材と自由で決まります。お金は惜しみなく出し、最高の人材を選び抜き、そして、クリエーターがクリエイティブフリーダムを発揮できるような環境を整える。この3点セットを揃えられたことが勝負の決め手でしたが、とくにクリエーターを味方につけたことが大きかった。『ROMA／ローマ』は商業的には外れるリスクが高かった作品ですが、それでも積極的にサポートすることで、「ネットフリックスはクリエーターをリスペクトする」というThoughtを、業界内に発信したのです。

ユーザーファーストよりも「クリエーターファースト」

現代は、誰もがユーザーファーストを叫ぶ時代です。しかし、本当にユーザーファーストが最適な戦略かは疑ってみる必要があります。とくにコンテンツ業界では、ユーザーファーストは必ずしも正しくありません。

ユーザーを最優先して、クリエーターを犠牲にすれば、クリエーターからいい作品が出なくなり、結果として、ユーザーの期待を裏切ることになります。むしろ、クリエーターファーストに徹したほうが、いい作品が生まれ、巡り巡ってユーザーに資することになる。クリエーターファーストこそが、コンテンツ業界の勝利の鉄則なのです。

伝統的な映画スタジオやテレビ局と異なり、ネットフリックスは作品づくりに細かく介入しません（その分、作品選びや人選には手間をかけます）。しかも、テレビのような広告モデルでなく有料課金モデルのため、スポンサーの顔色をうかがう必要がありません。

かつ、一般的には制作費の60〜70％しか負担しない業界の習慣を廃して、100％のコストをカバーした上で、さらに30％のボーナスを払うという契約も増やしています（その分、将来のライセンス収入はネットフリックスが得ます）。とにかく気前がいいのです。

2019年にネットフリックスがオリジナルコンテンツに投じる金額は150億ドルに上る見込みで、今やネットフリックスは世界でもっともコンテンツに投資する企業になっています。その膨大な投資を賄うために、社債での調達を増やし、長期負債は123億ドルまで膨張しています。大借金をしてまで、クリエーターファーストを貫いているのです。

予算と制作の両面でクリエイティブフリーダムを実践するネットフリックスのような環境は、クリエーターにとって天国でしょう。

プロモートにおいては、海外展開のTimelineも見事でした。まずは2010年に、米国と文化の近いカナダに進出。その成功体験をベースに、2015年までに日本を含む50ヶ国に進出しました。そうして蓄積した海外展開のノウハウを活かして、今では190ヶ国にまでそのネットワークを広げています。[32]

海外マーケットはネットフリックスの会員増のドライバーです。1・49億人の有料会員（2019年3月末時点）のうち、約6割が米国外の会員です。2019年1〜3月の純増数で言うと、米国外の純増数は約790万人と、米国内の170万人の4倍以上となっています。段階を踏んだ丁寧かつ大胆な海外戦略によって、立派なグローバルサービスへと脱皮したのです。

ネットフリックスがうまいのは、海外拠点を生産拠点としても活かしているところ。日本でも、2019年にボンズ、プロダクション・アイジー、サブリメイション、デイヴィッドプロダクション、アニマといったアニメーション制作会社と、アニメ作品制作における包括的業務提携を発表するなど、日本発のグローバルアニメ制作に力を入れています。

今までのハリウッドモデルは、米国で創ったコンテンツを世界に広げるという米国中心主義でしたが、ネットフリックスはローカライズをうまく進めています。現地に合ったオリジナルコンテンツを丁寧に選び、創っているのです。韓国で大ヒットとなったゾンビ時代劇『キングダム』はその好例です。

製造業の世界ではローカライズは進んでいますが、コンテンツの世界でここまで踏み込めている企業は稀です。グローバルコンテンツとローカルコンテンツを組み合わせて、世界中でユーザーを増やしていく。この戦略を愚直にやり抜いているところに、ネットフリックスのすごみを感じます。

ネットフリックスのエンゲージ

深いエンゲージを支えるリアルタイムデータ

「エンゲージ」の基本にあるのは、圧倒的なコンテンツ力です。視聴者がのめり込むようなコンテンツが次々と出てくることが、ネットフリックスへの深いエンゲージメントを支えています。

ビジネスモデルという点では、サブスクリプションモデルを選んだことが、ネットフリックスにとって競争優位の源泉となりました。

これまでのコンテンツ企業は、映画スタジオにしろ、テレビ局にしろ、出版社にしろ、新聞社にしろ、コンテンツを出したら出しっぱなしです。

一方、ネットフリックスは、オンラインで直接ユーザーとつながり、日々データを獲得することによって、「視聴者は本当は何を見ているのか、どれくらい見ているのか、どんな組み合わせで見ているのか」といったユーザーの動きを把握しました。この豊富なリアルタイムデータによって、ネットフリックスは、ユーザーと付き合って、関係を深めることが可能になったのです。

とくにデータが活きるのが、コンテンツのリコメンデーションです。ネットフリックスでは、ユーザーを性別、年齢といった属性ではなく、好みや価値観によりパターン分けし、コンテンツをパーソナライズしています。その結果、視聴の約75％がパーソナライズやランキングからくるほどの高精度を実現しています。

パーソナライズは、プロモーションでも活用されています。たとえば、『ハウス・オブ・カード』のケースでは、10種類のプロモーション動画を準備。女性に対しては、女性主人公が目立つプロモーション動画を送るなどして、広告効果を高めました。

今後は、コンテンツ自体のパーソナライズも進むでしょう。すでに2018年に配信した『ブラックミラー：バンダースナッチ』では、視聴者の選択によって話の内容やエンディングが変わるインタラクティブなシステムを導入しています。

「信者がいない」という弱点

ここまでさんざんその革新性を述べてきましたが、ネットフリックスとて無敵ではありません。とくにエンゲージは、ネットフリックスがあまり強くないと感じるところです。ネットフリックスは、顧客との接点を個別のコンテンツ力に頼りすぎているのです。

ディズニーと比較するとわかりやすいかもしれません。ディズニーは、ミッキーマウス、マーベル、スター・ウォーズなど、熱狂的な信者とも言えるファンを世界中に抱えています。それらのファンは単に作品を楽しむだけでなく、グッズを買い、ディズニーランドを訪れて、作品やキャラクターと深い絆を結びます。ファンが集うコミュニティもできあがっています。しかも、コンテンツ単体ではなく世界観に惚れ込んでいるため、そう簡単には浮気をしません。

一方、ネットフリックスは、作品ごとにニッチなファンを抱えてはいるものの、「ネットフリックス信者」と言えるほどの濃さはありません。『ハウス・オブ・カード』は知っていても、その他の作品はさほど詳しくない人が大半でしょう。どうしても見たいコンテンツがあるときはネットフリックスに加入しても、それを観終われば離れる人も多いはずです（私も今はネットフリックスを契約していません）。

しかも、ネットフリックスはコンテンツの多くを「外」に頼っています。『ハウス・オブ・カード』『ナルコス』といった目玉となる作品も、ネットフリックスがＩＰを保有しているわけではありません。あくまでライセンス提供を受けている作品です。コンテンツホルダーからノーを突き付けられれば、ネットフリックスのコンテンツ調達は揺らいでしまうのです。

事実、ディズニーを筆頭に大手スタジオは、ライバルとなったネットフリックスから一部の作品を引き上げることを決めています。社内にクリエーターを抱えず外部調達に頼る戦略が、裏目に出

図表4-4｜ネットフリックスの編集思考

セレクト	コンテンツ選びのプロに、選択を委ねる ビッグデータによるダブルチェック 適切な社員の選別と、積極的な解雇
コネクト	映画とオンライン配信の組み合わせ 外部コンテンツとオリジナルコンテンツの融合 テクノロジーとクリエイティブの融合
プロモート	クリエイティブフリーダムの実践（Thought） 芸術性の高いコンテンツへの投資（Thought） グローバル展開のスピードと順序（Timeline）
エンゲージ	圧倒的なコンテンツ力 サブスクリプションモデルの採用 パーソナライズを武器にしたリコメンデーション

てくるかもしれません（コンテンツの弱さが響き、2019年4－6月期は会員純増数が大幅鈍化。米国内では純減に転じました）。

今後、ディズニーや他のライバルが、独自のストリーミングサービスを続々と強化していきます。とくにディズニーは強力なキャラクターを持つ上、Huluも傘下に収めたため、独自サービスのディズニー・プラスとHuluをセットで売り出すことも可能です。ネットフリックスにとって最強のライバルとなるでしょう。

今後もネットフリックスは、今の勢いを保つことができるのか。ファンとの間に濃い関係を生み出せるのか。「エンゲージ」の改善こそが、王座防衛の最大のポイントになるはずです。

ディズニーの編集思考

ウォルト・ディズニーは編集思考のレジェンド

ネットフリックスのライバルであるディズニー。一般的にはディズニーランドのイメージが強いかもしれませんが、実はディズニーは世界最強のコンテンツ企業です。

1923年、当時21歳のウォルト・ディズニーが兄のロイとともにハリウッドに立ち上げたディズニー。紆余曲折はありながらも、100年近くにわたり、コンテンツ界のイノベーターであり続けてきました。

ウォルト・ディズニー自身が、まさに編集思考のレジェンドと言える存在です。自ら絵を描き、ストーリーを紡ぎ出して、映画を創り出すのみならず、テーマパークまで設計してしまう。さらに、会社経営も行いながら、毎週のようにテレビ番組に登場する。65歳の生涯を通して、パイオニア精神を持ち続け、チャレンジを繰り返しました。

あまり知られていませんが、ディズニーのすごさは、ストーリーとキャラクターを軸に置きながらも、新しいテクノロジーを貪欲に取り入れていったところにあります。その歴史を振り返ると、ディズニーの繁栄が、ニューテクノロジーの活用と軌を一にしていることがわかります。

創業間もない1928年、パートナーである配給会社に裏切られ、失意のどん底でニューヨークからロサンゼルスに汽車で帰る80時間の旅の間に思いついたのが、ミッキーマウスでした（当初モーティマーという名前でしたが、妻のアイデアであるミッキーを採用）。

ミッキーマウス飛躍のきっかけになったのが、トーキー映画（映像と音が同期した映画）です。それまでの映画は、音のないサイレント映画が基本でしたが、1927年のトーキー映画の誕生により、映画に音が吹き込まれました。ディズニーはトーキー映画にいの一番に飛びつき、ミッキーの『蒸気船ウィリー』を音付きアニメーションで制作。これが大ヒットし、ミッキーのファンが増えていったのです。

続いてディズニーが目をつけたのが、1930年代初めに誕生したカラーフィルムでした。すぐさま大金をつぎ込みカラーアニメーションの製造法の独占権をとると、世界初のフルカラーアニメーション映画、『花と木』を制作しました。この作品も大きな反響を呼び、アカデミー賞を獲得します。

そしてディズニーを〝世界のディズニー〟に押し上げたのが、1937年の『白雪姫』です。それまでのアニメーションは、映画の合間に放映される「短編形式」が基本でした。「劇場に90分も座ってアニメを見る人なんているはずがない。長編アニメなんて受けるわけがない」と嘲笑される時代だったのです。

そんな時代に、ディズニーは4年間の歳月と170万ドルを投じて、世界初の長編カラーアニメーション『白雪姫』を創り上げました。まさに一世一代の大博打でしたが、公開するやいなや世界中の映画館で入場者数の記録を更新。800万ドル（当時の映画料金は平均23セント）を超す当時の世界No1のメガヒットとなったのです。映画のみならず、関連グッズもバカ売れし、ディズニーは世界で愛されるコンテンツになりました。


第二次世界大戦が終わると、テレビの時代が到来します。

ほかの映画会社の幹部たちが、「テレビは絵のついたラジオ」と見下していたのに対し、ディズニーはテレビをチャンスととらえました。1950年の暮れ、ディズニー自身がクリスマス特番の1時間番組に出演し、新作の『ふしぎの国のアリス』について話したところ、作品がたちまち話題に。このときにディズニーは、アニメのプロモーションの場、そして売り先としてのテレビの可能性を確信しました。

1954年には、放送局のABCとディズニー初のレギュラー番組「ディズニーランド」をスタート（のちにABCはディズニー傘下に）。この番組が絶好のプロモーションとなり、1955年に開園したディズニーランドはオープン7週間で100万人を動員するほどの大人気となったのです。

次にディズニーが力を入れたのは、カラーテレビでした。1961年に放送開始した「ウォルト・ディズニーのすばらしい色彩の世界」には自らホスト役として出演。多くの視聴者を引き付け、カラーテレビが普及する大きな原動力となりました。

人生の晩年にのめり込んだのが、1965年に発表した「エプコット（実験的未来都市）」です。新たなテクノロジーやアイデアを結集し、人口2万人以上が住む機能都市を創ろうとしました。しかし、構想の具体化に動き出した矢先の1966年12月、ディズニーは肺ガンでこの世を去ります。生涯獲得したアカデミー賞は26回、エミー賞（テレビ界の最高の栄誉）は7回。まさにコンテンツ、エンターテイメントの神様です。ただし、本人はおごることなく、「すべては一匹のネズミから始まった。それを忘れてはいけないね」と口癖のように語っていたと言います。[33]

ディズニーのセレクト

シリーズもの×リメイクで驚異の利益率を達成

前項でディズニーの歴史を記したのは、ウォルト・ディズニーの創作に対するあふれんばかりの愛をまず知らないと、ディズニーという会社を理解できないからです。この創業者からわき出る「アニメーションが好きでたまらない」という愛情こそが、ディズニーのセレクトを貫く力です。ウォルト・ディズニーの「惚れ抜く力」が、今なお息づいているのです。

アニメーションをセレクトしたことは、ビジネス面でも決定的な強みとなりました。アニメーションとそこで躍動するキャラクターは、最高のＩＰ（知的財産権）になるからです。

キャラクターは歳を取りませんし、スキャンダルも起こしません。しかも、文化と言語の壁も越えやすく、老若男女のファンが付きやすい。グッズやテーマパークに展開すれば、ファンが押し寄せてくれます。映画の続編を創る場合、ファンのベースがあるので外れにくいというメリットもあります。強力なキャラクターこそ、もっとも効率的なコンテンツビジネスとなるのです。

その効率のよさは、数字に表れています。

一般的に、映画ビジネスはリスクが高く、各スタジオの平均ROIC（投下資本利益率）は、1桁台前半となることが通常です。しかし、ディズニーの場合、30％を超える年もあるほどです。たとえば、『アナと雪の女王』は、制作費1・5億ドルに対して、世界全体の興行収入は、12・7億ドル。制作費の8倍以上の収益を稼ぎ出しています。

そんな飛びぬけた結果を出しているのも、作品のセレクトが絶妙だからです。「人気シリーズの続編」と、「古い作品のリメイク」に集中することによって、高い確率でメガヒットを生み出しています。

2019年に至っては、『キャプテン・マーベル』『アベンジャーズ／エンドゲーム』『アラジン』『トイ・ストーリー4』『ライオン・キング』『アナと雪の女王2』『スター・ウォーズ エピソード9』と、まさにオールスターとも呼ぶべき作品が並んでいます。

ディズニーのすごさは、男性、女性、子ども、ご年配を問わず「家族みんなが楽しめる」という立ち位置を築いたところにあります。1つの作品に頼らず、バランスがとれたポートフォリオを組んでいるところにも、ディズニーのセレクトが光っています。

ディズニーのコネクト

『アラジン』の王女ジャスミンの設定が原作と異なる理由

ディズニーは、ビジネスモデル自体が絶妙なコネクトによってできあがっています。そのトライアングルを構成するのは、映画、テレビ&オンライン配信、テーマパーク&グッズの3つです（図表4－5）。

まず映画でキャラクターをデビューさせ、世間での認知度を高め、映画の興行収入で稼ぐ。次に、キャラクターをIP化して、グッズやテーマパークへと展開し、入場料収入や販売収入で稼ぐ。さらに作品をテレビやオンライン配信で二次活用し、広告やサブスクリプションで稼ぐ。見事なサイクルができあがっています。

テレビ局は単に、コンテンツやキャラクターの二次活用の場としてだけでなく、作品やキャラクターのプロモーション、ディズニーランドの集客プロモーションとしても使えます。ウォルト・ディズニーが創り上げた、「映画×テレビ×ディズニーランド」というビジネスモデルの原型を、ディ

図表4-5｜ディズニーのトライアングル

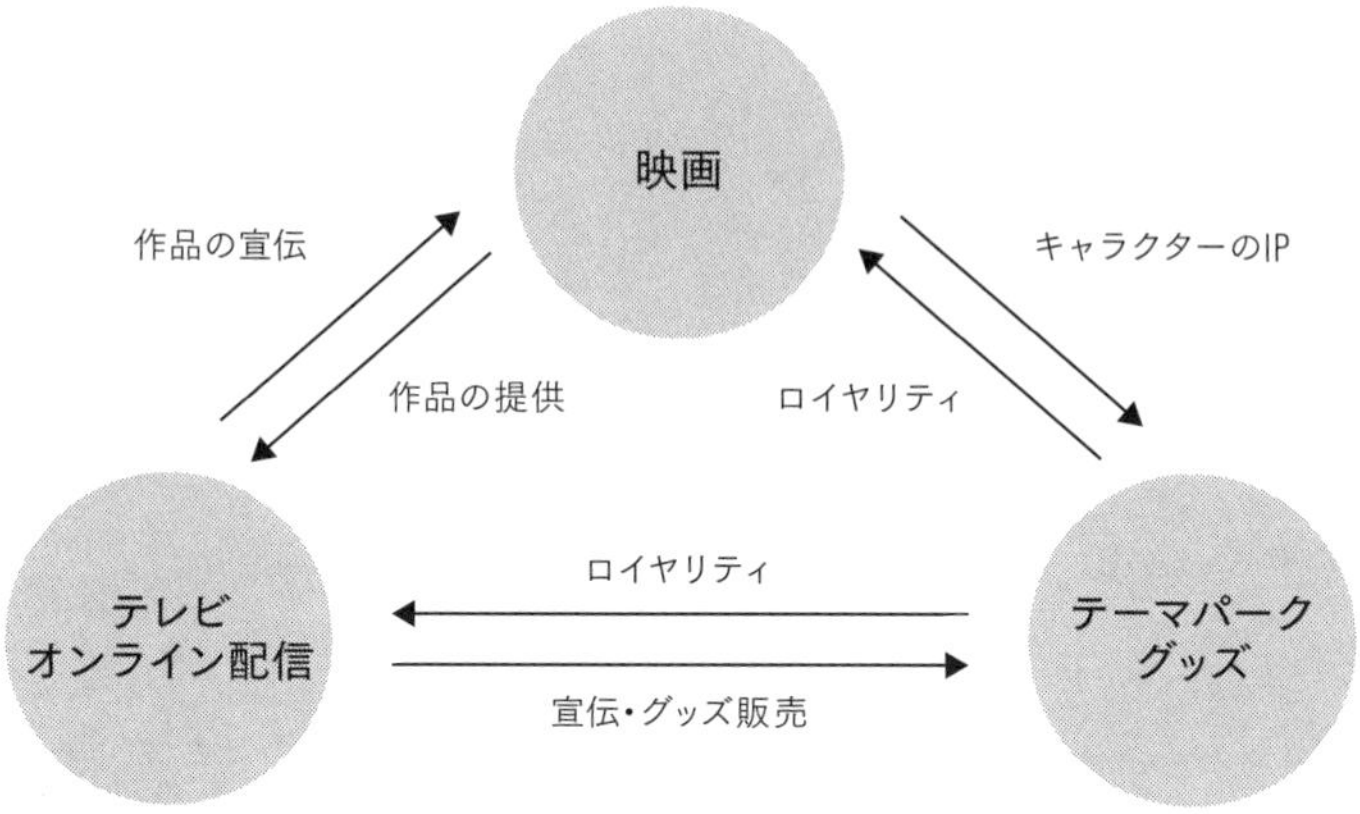

ズニーは今も愚直に進化させ続けています。

コネクトの点で、ディズニーがうまいのは、古いストーリーと最新の技術、トレンドのかけ合わせです。

その典型例が『アラジン』です。土台となっているのは、『アラビアン・ナイト』（千夜一夜物語）の中でももっとも有名な物語の1つ、『アラジンと魔法のランプ』。1992年にアニメーション映画として発表した作品を、2019年に実写版としてリメイクしました。

ウィル・スミスが演じる青いジーニー（魔人）を100％CGで生み出すなど、最新技術を活用するのみならず、ストーリー展開も時代に合わせてチューニングしています。

秀逸なのは、王女のジャスミンが、アニメ版とは異なり、意志と勇気のある女性として描かれているところです。女性が王になる前例がない中で、国王である父の後を継いで、初の女性国王として、国民を幸せにしたいと心から願う。白馬の王子様を待つのではなく、自らがリーダーとして世の中と自分を変えていく。そんな現代的な女性像を体現しているところに、ディズニーのトレンドをかけ合わせるセンスを感じます。

世界観を保ったまま、買収で規模を広げる

もう1つ、ディズニーのうまさが光るのは、買収戦略です。とくに2005年に、ボブ・アイガーがCEOに就任して以来の買収は、大当たり続きです。巧みな買収により、世界最強のコンテンツ王国、キャラクター王国の座を盤石にしています。

2006年：ピクサー（『トイ・ストーリー』など保有）を74億ドルで買収
2009年：マーベル（『アベンジャーズ』など保有）を42億ドルで買収
2012年：ルーカスフィルム（『スター・ウォーズ』など保有）を40億ドルで買収
2019年：21世紀フォックス（『アバター』など保有）を713億ドルで買収

ディズニーの世界観とビジネスモデルを深めながら、強力なキャラクター（ＩＰ）を獲得し横展開していく。そして、各スタジオには大きな自治権、クリエイティブの自由を与えることで、存分に力を引き出す。そんなマルチスタジオ戦略が見事に機能しています。

とくに大きかったのは、アイガーがジョブズとの交渉で実現した、ピクサーの買収です。アイガーは、ピクサーに自由を与えるだけでなく、同社を率いる2人のカリスマ、エド・キャットムルとジョン・ラセターを、本家ディズニーアニメーションのＣＥＯとＣＣＯ（チーフクリエイティブオフィサー）に迎えました。ピクサーの誇る創造の文化と技術を、うまくディズニー本体に取り込んでいったのです。これにより、ディズニーアニメーションも息を吹き返し、２０１３年には『アナと雪の女王』という歴史的なヒットを生み出しました。

買収に至るまでのストーリーは『ＰＩＸＡＲ〈ピクサー〉世界一のアニメーション企業の今まで語られなかったお金の話』に綴られていますので、ぜひ読んでみてください。

ディズニーのプロモート

誰より教育熱心だったディズニー

ディズニーのプロモートの完成度の高さは、その時間軸にあります。目の前の数字ばかりに追われることなく、長い目でキャラクターを浸透させていく。これはスターを大切に育てていくタレント事務所の戦略にも似ています。

1つのキャラクターをまず映画で浸透させ、テレビでプロモーションを行い、時間が経ったところでテーマパークでデビューさせ、体験を通じてファンとの関係を深めていく。そんなメディアと時間軸（Timeline）の組み合わせが絶妙です。

次に、思想（Thought）ですが、ディズニーランドでは、キャストになるとディズニーの生涯を描いた物語「One man's dream」を読まされます。今なお創業者のウォルト・ディズニーの思想が、従業員の中に息づいているのです。

ディズニー自身、誰よりも教育に熱心な人物でした。企業が500人規模になった後も、ディズニー流のアニメーション制作を教えるべく、社内で何度もアート講座を開きました。晩年には、カリフォルニア芸術大学に私財を投じて、クリエイティブ・アートとパフォーミング・アートの教育を受けられるように尽力しました。彼はこんな言葉を残しています。

「ぼくが引退するとき、いちばん残したいものは教育の場です。未来ある若者たちの才能を伸ばす場所を用意した上で引退できて初めて、何かを成し遂げたと思えるでしょう」[34]

こうしたディズニーの思想と、厳しい著作権管理、デザインへのこだわりによって、ディズニー独自の世界観が生まれています。

ピクサーをディズニーに売却したジョブズも、ディズニーを深く尊敬していました。それは、ウォルト・ディズニーという人物を尊敬するとともに、ディズニーが「テクノロジー×エンターテイメント×アート」をうまく融合した独自の世界観を築いていたからです。

コンテンツでもテーマパークでも、そこに真の夢の世界、ディズニーらしい世界を創り出すために細部にまで徹底してこだわる。そうした完璧さから、ディズニーらしい世界観が生まれているのです。

ディズニーのエンゲージ

作品の世界観をリアルの場で体感する

ディズニーのエンゲージ戦略の軸となるのは、ディズニーランドであり、グッズです。

圧倒的なコンテンツ力をベースに、実際に作品の世界観をアトラクションで体感し、キャラクターに触れることができるリアルの場所を創ることで顧客との間に、濃密なコミュニケーションを生み出します。作品の世界と現実の世界の一貫性を肌で感じることで、ますますディズニーやキャラクターのファンになっていく。これはネットフリックスなどのネット企業にはない強みと言えます。

アイガー自身も「人々は単にテーマパークを訪れるために（ディズニーランドに）来るのではなく、愛する作品が宿るストーリー、キャラクター、場所を体感するために来るのです」と述べています。[35]

テーマパークは、ディズニーにとって最重要分野の1つ。今後5年間にわたり、200億ドルを投資する計画です。アナハイムのディズニーランドとフロリダのディズニーワールドでは、2019年中に『スター・ウォーズ』のアトラクションがオープン。香港、東京、パリでは、『アナと雪の女王』のアトラクションを建設する予定です。

そもそもテーマパーク事業は、リスクが高く、利益率を上げるのは容易ではありません。にもかかわらず、ディズニーが安定的に高収益を上げているのは、成功の方程式ができあがっているからです。アイガーは「『アバター』や『スター・ウォーズ』のような資産の獲得は、テーマパーク事業のリターン向上にとてつもないインパクトをもたらす」と語っています。

次から次に魅力的なキャラクターを生み、映像作品化してファンを増やす。その後テーマパークに来てもらったり、グッズを買ってもらったりして収益化するサイクルがうまく回っています。

そんなディズニーにとって、唯一と言ってもいい弱点が、DtoC（Direct-to-Consumer）の分野です。つまりは、ネットフリックスのようにオンライン配信によって顧客と直接つながるビジネスが弱いのです。

そこにも、ディズニーはすでに手を打ち始めています。2019年11月には、ディズニーのコンテンツを集結させたディズニー・プラスが始まります（スタート時点で、7500のテレビ番組と500の映画が揃う見込みです）。さらに、Huluも傘下に抑えたことで、ネットフリックスを打倒する体制が着々と整えられています。

これまでのディズニーは、映画作品やグッズ、ディズニーランドで顧客と触れることで、深いエンゲージメントを保ってきました。ただし、映画やテーマパークでは、日々、顧客とつながり、顧客のデータを得ながら、1人ひとりにカスタマイズしたサービスを提供することができません。そこがユーザーとの接触頻度が高く、詳細なデータを有しているネットフリックスと比べた弱みです。

その最後の弱点を埋めるべく、アイガーCEOは「最優先事項」として、ディズニー・プラスに取り組んでいます。同時に、年間1・5億円に上るライセンス収入を放棄してまで、ネットフリックスへのコンテンツ供給を止めることを決断しました。当初は大きな赤字を覚悟で、『スター・ウォーズ』のオリジナルコンテンツなど、大型コンテンツを揃え、ディズニー・プラスをデビューさせる予定です。この成否によって、ディズニーの未来は大きく左右されるでしょう。

ちなみに、第2章で、エンゲージの4Cを紹介しましたが、ウォルト・ディズニーは夢を叶えるための4Cを唱えています。それは、Curiosity（好奇心）、Courage（勇気）、Constancy（継続）、Confidence（自信）です。

この中で、ひときわ印象的なのが、Constancy（継続）です。

ディズニーは、その華やかな人生とは裏腹に、貧しい生活から刻苦勉励でスターとなった苦労人です。9歳のときに新聞配達を始め、6年間ほぼ休まず深夜3時半に起きる生活を続けました。そんな生活でも、いたずら好きで、マンガ好きで、ものまね好きなディズニーは楽しく生きていました。

図表4-6｜ディズニーの編集思考

セレクト	アニメーションに集中投資（ウォルト・ディズニーの好きを重視） シリーズ化できるキャラクターやストーリーに集中投資 子どもから大人まで。男性から女性まで。西洋から東洋まで
コネクト	多数のキャラクター（IP）を映画、テレビ、グッズなどに横展開 古いストーリーと最新の技術、トレンドをかけ合わせ 買収によるマルチスタジオ化。自由を与えて、文化の衝突を回避
プロモート	原作→映画→グッズ→テーマパークというサイクル（Timeline） ディズニーの世界観を貫く。時代を変える思想を表現（Thought） 細部にまでこだわり、真のファンタジーを創り出す（Truth）
エンゲージ	テーマパークで作品の世界観を体感できる 統一された一貫性のある世界観 ディズニー・プラスにより、ダイレクトに顧客とつながる

粘り強さと天性の明るさを持ち、つねに新しいものを取り入れて自らを変えていく。そんなDNAが染み込んでいるのが、ディズニーのいちばんの強さなのかもしれません。

WeWork の編集思考

なぜ「コワーキングスペース」に約5兆円の時価総額がつくのか

私がネットフリックス、ディズニーとともに、編集思考のお手本としてつねにウォッチしている企業があります。それがコワーキングスペースを運営する、WeWorkです（親会社の名前は、The We Company）。

2018年末には、ソフトバンク・ビジョン・ファンドが30億ドルもの投資を行い、日本でも話題になりました。今や企業価値は470億ドルに到達。中国のバイトダンス（企業価値750億ドル。TikTokなどを運営）、ディディ（企業価値560億ドル。配車アプリなどを運営）に続く、世界第3位のユニコーンとなっています。

そのWeWorkが今、もっとも力を入れている市場の1つが日本です。最近では東京でもWeWorkのコワーキングスペースが次々と生まれており、2019年中には30拠点へと広がる予定です。

その雰囲気を体感するためにも、ぜひ一度、渋谷の神宮前にあるWeWorkアイスバーグに行ってみてください。ここは、日本のWeWorkのフラッグシップであり、もっとも家賃が高い場所（専用デスクを借りると、月額16・8万円）でもあります。

一歩足を踏み入れると、「ここは本当に日本なのか？」と驚かされます。天井の高い空間、ニューヨークのブルックリンスタイルのデザイン、クリエーターを中心とする多国籍な会員たち、スーツの人はまず見かけないファッションの自由さ、毎日のように開催されるイベントなどなど、まさに異世界です。

WeWorkでは社内に建築家、デザイナーを抱えているため、建築から内装デザインまですべて内製です。しかも、画一的にデザインするのではなく、各拠点の色を出したデザインを施しています。働く人のクリエイティビティを高め、ストレスを軽減できるよう、「自然光が入りやすくする」「木などの自然素材を活かす」「鮮やかなアート性の高いインテリアを置く」といった工夫が凝らされています。

こういった側面を評価する人もいれば、中にはこう指摘する人もいます。

「WeWorkって単なるコワーキングスペースでしょう？　ブランディングがうまいだけで、たいした革新性はない。5兆円の評価なんてバブルだとしか思えない」

確かに、一理あります。WeWorkの売上高は2018年には18億ドルまで伸びましたが、拡大に伴いコストも膨張。赤字額は売上高をも超える19億ドルに達しています。収益モデルの確立は大きな課題です。世界の不動産価格が低下し始めたら、これまでの右肩上がりのサイクルが逆回転しかねません。抱えるリスクは莫大です。

ただし、5兆円という評価が正しいかはさておき、WeWorkの編集思考には刮目すべきものがあります。あらゆる企業にとって、新時代のビジネスを考えるヒントが詰まっているのです。

「何を売っているかよくわからない」という強み

WeWorkのおもしろさは、「何を売っているのかよくわからないところ」にあります。同社のコアビジネスは、コワーキングスペースの貸し出しですが、今や業容はアメーバのように無秩序に広がっています（図表4－7）。

近年では、シェアハウスの「WeLive」、幼児向けの学校「WeGrow」、会員企業が作ったプロダクトを販売する小売の「Made by We」、企業にオフィス設計のコンサルティングを行う「Powered by We」、会員向けにオフィス用品や航空券などを割引価格で提供するビジネス用百貨店「Services

図表4-7｜WeWorkの生態系

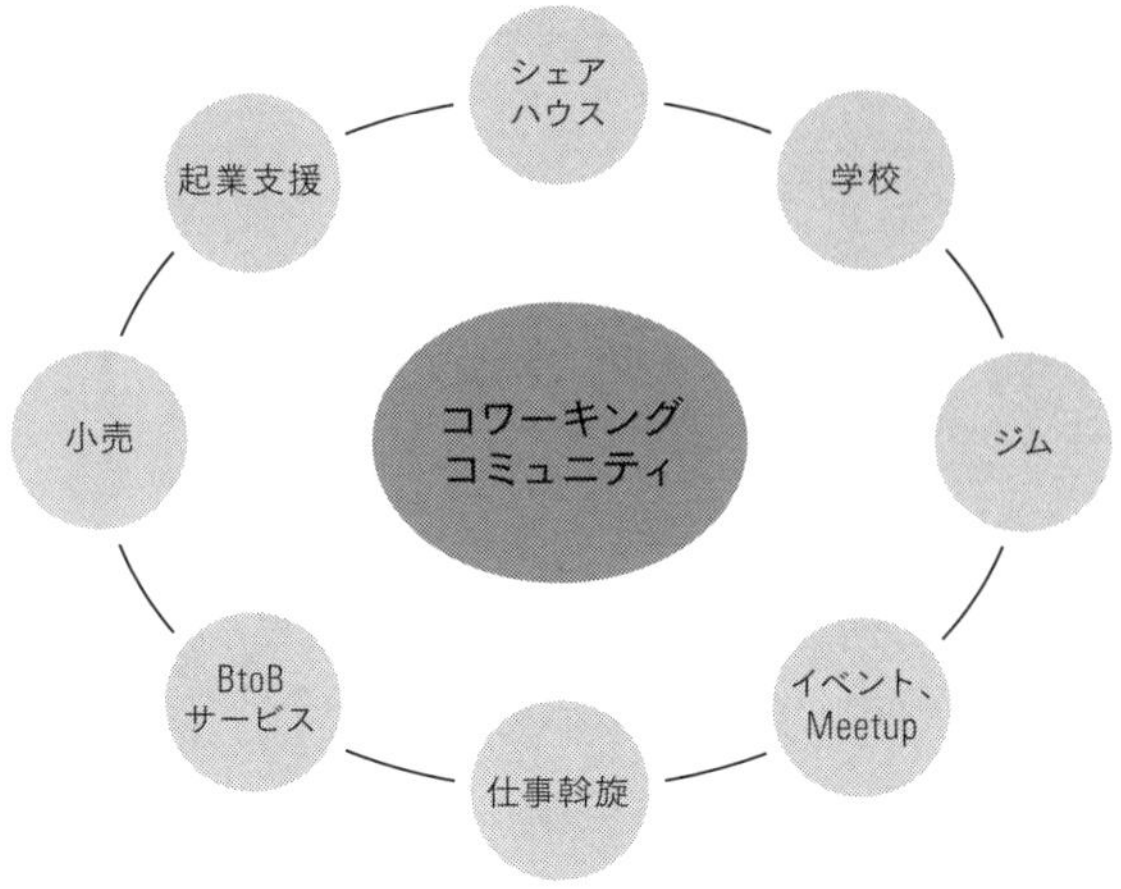

Store」など、全方位にビジネスを拡大しています。[36]

WeWorkとは単なるサービスでもプロダクトでもなく、世界にまたがるコミュニティ、バーチャルな1つの小国のようなものです。宗教団体に近いとも言えるかもしれません。

WeWorkはコワーキングスペースを軸にして、生態系を作り上げています。WeWorkが売っているのは「企業文化」そのものであり、「ライフスタイル」であり、「独特な世界観」です。単なる製品やサービスやビジネスモデルであれば誰でも真似ができますが、文化や世界観はアートの領域であり、コピーができません。そこにWeWorkの時代性があります。

WeWorkのセレクト

データを駆使した一棟借り戦略

セレクトという点で、コワーキングスペースにとってもっとも重要なのが場所です。不動産ビジネスは立地が命。どの場所を選ぶかで、運命が決まります。その点、WeWorkはブランド力が高い、象徴的な場所を選ぶのが巧みです。

創業者のアダム・ニューマンが、WeWorkの前身となる会社GreenDeskで、最初のコワーキングスペースを作ったのはニューヨークのブルックリンです。リーマンショックで空き家が増えていた2008年に、アメリカンアパレルのストアデザイナーを務めていたミゲル・マッケルビーとともに、エコフレンドリーなコワーキングスペースを創りました。

2010年には、GreenDeskを売却。その資金でWeWorkを立ち上げ、そこから怒濤の勢いで攻めに出ます。2019年時点で、同社のコワーキングスペースは、124の都市に広がり、世界に40万を超える会員を抱えています（そのうち約3分の1が大企業です）。すでに、ロンドン、ニューヨークでは、最大のオフィススペースを有する企業になっています。

2017年には、ニューヨーク拠点の老舗高級デパートLord&Taylor（ロード・アンド・テイラー）のニューヨーク旗艦店を8・5億ドルで買収。その場所を、本社とコワーキングスペースに改装しています。

いい物件を見つけたら、すぐさま一棟借り。この戦略は日本でも同じです。先ほど紹介した神宮前のアイスバーグ（もともとはアウディのショールームだった場所をリノベーション）やGINZA SIXなど話題の場所を選びながら、いい場所はまるごと一棟借りする。そのスピードと大胆さがWeWorkの強みです。

もちろん、山勘だけで場所を選んでいるわけではありません。しっかりデータでダブルチェックします。

まずWeWorkはデータベースで候補地を絞り込みます。候補となる場所を入力すると、その場所の周りに、カフェ、レストラン、ジム、ショッピングストア、ホテルなどがどの距離にどれくらい存在するかが特定でき、まずWeWork会員と相性がいいか、どれくらい快適かを確かめます。こうして無数の物件の中から候補地を絞り込むことで、スピーディーかつ的確な場所を選択するのです。

WeWork のオフィス選びで目につくのが、新旧の両極を揃えた〝バラエティの豊かさ〟です。GINZA SIXのような最新鋭のオフィスもあれば、歴史的な建造物をリノベーションしたものもあります。米国のポートランド出張時に訪れたWeWork は、1900年頃に建造された税関の事務所を改築したもので、なんとも味がありました。

場所を選んで、クールなデザインを施すところまでは前準備です。いざオフィスが始動したらコミュニティを創っていくわけですが、その役割を担うのがコミュニティマネジャーです。コミュニティマネジャーとは、いわばキュレーター。各オフィスに合ったイベントや会合を企画したり、それぞれのメンバーを引き合わせる。まさにセレクト力が試される仕事です。日本では聞き慣れない仕事ですが、これからあらゆる業種でニーズが高まるはずです。WeWork も、コミュニティマネジャーに対し、1000万円レベルの年俸を払うなど、いかにこの職を重視しているかがわかります。

WeWork のコネクト

ウェブ×フィジカル

「われわれはグローバルなフィジカルプラットフォームを築いている」

これは、WeWork 創業者アダム・ニューマンの言葉です。

オンライン上で、世界の人々がつながるプラットフォームを創ったのが、Facebook でした。それに対して、WeWork は目に見える、肉体性を伴う「つながり」を創っています。フィジカルなSNSと言ってもいいでしょう。SNSという「新しいトレンド」に、実際に人に会うという「アナログさ」を結び付けているのです。

「コネクト」は WeWork の十八番。異質な人をつなげたり、似たマインドセットを持つ人たちをつなげたりするのも提供価値の1つです。

不動産×テクノロジー

WeWorkは、不動産という「古い業界」にも、「新しいテクノロジー」をうまくつなげています。2015年には、建築関連のソフトウェア企業であるCASEを買収。ビルディング・インフォメーション・モデリング（BIM）を設計・施工に活かしています。

BIMとは、コンピューター上に作成した3次元の建物のモデルに、コストや管理情報などのデータを組み合わせ、建築のプロセスを管理するソリューションです。これを使うことで、新しい建築物をスピーディーに設計できる上、空間効率を向上してコストを削減することもできます。

高い空間効率を支えているのも、データです。ユーザーによるスペースの利用方法や入退室記録、ヒートセンサーから得たトラフィックパターンなどを分析し、そのデータをもとに、会議室や共有スペースの数やレイアウトの最適化を図っています。

2018年から2019年にかけて、オフィス最適化のためのソフト開発・分析を行う会社や、人の空間での動きを追跡・分析する会社も買収。オフィスをデータ収集の場ととらえて、最適なオフィス空間を追求しているのです。

複雑なビル設計の仕事を、テクノロジーを使いながら、丸ごと請け負うことができる。あらゆる工程をつなげて顧客に提供できる。その「横串」こそが、WeWork の強みの1つです。

共同創業者のミゲル・マッケルビーCOOはこう胸を張ります。

「物理的なビルを建設するという仕事には、つねに予測できない問題や、大幅な遅延が起きる可能性があります。もし遅延が発生すれば、たくさんのビジネスに致命的なダメージを与えてしまうことになります。私たちは初期から、この点を極めて迅速かつ緻密にこなしてきました。その秘密はソフトウェアにあります。ビルの建設工程をきちんと理解して、あらゆる情報を管理できるような、とても洗練された方法を使ってきました。

自分たち自身で、ビル建設に必要なタスクの進行管理をソフトウェアでやっていました。だからWeWork はコワーキングスペースという『プラットフォーム』を作るための、最初から終わりまで、すべてを一貫して束ねているのです。そこにまつわるデータもすべて収集しています。そこまでやっている会社は、世界に2つと無いはずです」[37]

これらの施策により、WeWork のトータルコストは、ニューマンによるとニューヨークの他の平均的な物件に比べて50％安く、その他の都市では60、70％割安となっているそうです。

最近では、自社で培ったノウハウを社外でも活かすべく、企業に空間設計のコンサルティングを行う「Powered by We」もスタート。実際に企業の本社を WeWork がデザインする「ヘッドクォーター by WeWork」というサービスも強化しています。テックやデータが自社の競争優位性になるのみならず、サービスとしても成立しているのです。

スタートアップ×大企業

スタートアップと大企業をつなぐのも、WeWorkの得意技です。この文化的摩擦が大きい両者をつなげることに、WeWorkはビジネスチャンスを見出しています。

WeWorkはコンセプトに「クリエーターのプラットフォーム」と掲げるように、当初はクリエーター系のメンバーが主でした。そこから、スタートアップへと顧客層を広げ、今では、会員の3分の1は大企業です。Amazon、ペプシコ、IBMなど錚々《そうそう》たる大企業が契約しています。

大企業にとっては、普段と異なる文化を肌で感じられ、スタートアップとのネットワークを強化できるだけでも大きな価値があります。

神宮前のアイスバーグでも、6、7階にはUberのオフィスが入り、損保ジャパン日本興亜、丸紅、伊藤忠といった大企業や、静岡市といった行政までもが会員に名を連ねています。大企業の「スタートアップコミュニティと融合したい」というニーズをうまく捕まえているのです。

企業からすれば、すべての必要なサービスをつなげて提供してくれるWeWorkに入居するのは「らくちん」です。WeWorkは、単にスペースを貸し出すだけでなく、ITサービス、研修・教育、福利厚生、社会保険などをつなげ、ビジネス活動に必要なサービスをワンストップで提供しています。

オフィス、家具、無線LAN、サービス、ソフトウェア、引っ越しなど、1つひとつ別の業者に頼むのはとても面倒くさい。WeWorkに一括で頼めて、すぐにオフィスを開設できるのは大きなメリットです。

会員×仕事の機会

オフライン・オンラインの双方で、仕事上のつながりを生み出せるのが、WeWorkの最大の魅力の1つです。各オフィスでは、頻繁にイベントやワークショップが開かれていて、互いが知り合いやすい仕掛けが施されています。ビールが無償提供されているのも、話しやすい雰囲気を創るための工夫の1つです。

さらに、会員専用のアプリを使って、他の会員を検索したり、仕事を募集したり、仕事を見つけたりすることができます。ニューマンによると、会員の51%が会員同士で仕事をした経験があるそうです。

これは、とくに仕事が不安定なフリーランスにとっては福音でしょう。WeWorkに所属することによって、自らの人脈を横に広げていくとともに、一部の人とは一緒に仕事もできます。

WeWorkは「会員」と「仕事」をつなげることにより、会員のセーフティネットにもなっているのです。

また、WeWorkは会員がクリエーターや起業家として羽ばたいていくためのサポートも充実させています。

たとえば、「WeWork Labs」。これは、初期のスタートアップをメンタリングするプログラムです。ビジネスの相談に乗ってくれるだけでなく、法律やマーケティングのプロとつないでくれたり、ベンチャーキャピタリストにつないでくれたり、実際に事業を起こし、成長させるためのつながりを提供してくれたりします。起業とは過酷で孤独なものです。自分がいちばん苦しいときに助けてくれた存在を、人は決して忘れません。

誰にとってもウィンウィンな関係を創り、WeWorkファミリーを育て、経済圏を拡大することによって、コミュニティをより活発にしていく。それを彼らは「The WeWork Effect」と名付けています。WeWorkのコミュニティが成長すればするほどコミュニティの価値が上がり、そこから多くのビジネスや出会いが生まれるのです。

WeWorkのプロモート

ミレニアル世代を引き付けた「Do What You Love」

プロモートの3つのTのうち、まず注目したいのは、時間軸（Timeline）です。WeWorkは今に至るまでの時間軸の流れが絶妙でした。

創業時はクリエーターを引き付け、次にスタートアップが集まるクールな場所というイメージを定着させた後に、企業文化を変えたいと願う大企業をうまく引き寄せていく。見事なマーケティングです（日本では米国以上に大企業の顧客が多いそうです）。

WeWorkは思想（Thought）を打ち出すのも巧みです。

同社のミッションは「ただ生きるためではなく、人生を満たすために働く世界を創造する」。掲げるコンセプトは、「Do What You Love」です。

この現代的なメッセージは、ミレニアル世代を筆頭に、自由な働き方を求める人たちに深く刺さっています。WeWorkを世界の人々の働き方を変えるブランドと位置付けることで、「単なるコワーキングスペースではない」と内外に印象付けたのです。その語り部となっているのがアダム・ニューマンです（資料4－2）。共同創業者のマッケルビーはこう語ります。

「私は人前でプレゼンテーションをしたり、何かを売り込むことに長けている性格ではありません。アダムは、それが抜群にうまいのです。彼は人々を魅了して、頷かせてしまう力を持っているのです。だから投資家に対しても、オフィスに入居してくれるメンバーにも、WeWorkの一部になってもらうことができたのです。〈中略〉アダムは本物のCEOであるし、ビジョナリーなんです」

資料4-2｜アダム・ニューマン

出所｜Getty Images

WeWorkのエンゲージ

利害ではなく思想でつながる

サービスを貫く思想の一貫性が、WeWorkのエンゲージにもつながっています。単に利害でつながるだけでなく、同じ思想を信じる同志であるため、つながりがより深いのです。

オフィスで顔を合わせ、ともにイベントに参加し、ビールを飲んで語り合い、アプリでもメッセージをやりとりする。そんなカジュアルな関係が、エンゲージメントの高さと深さを生んでいます。WeWorkは最先端の企業のように見えながら、古臭い、アナログな打ち手を地道に積み重ねています。

そのスタイルは社員との関係にも反映されています。1万人を超える社員たちは、年に1回、サマーキャンプで集い親交と信仰を深めます。2018年はイングランドの片田舎のキャンプ地に、世界から8000人が集いました。

会員メンバーに対しても、スターにかけのぼるチャンスを与えます。米国の各都市、英国、イスラエルなどで、賞金総額２０００万ドルのクリエーターアワードを開催、すでに50社以上がそこから巣立っています。新たなスターを発掘する場を自らプロデュースしているのです（しかも、将来、それらの企業に投資する権利も保有することで、アップサイドもしっかり取り込んでいます）。[38]

さらに、WeWork は小売分野にも進出し、「WeMRKT」というショップを始動。会員の小売企業が創ったプロダクトを売ることで、チャンスの場を提供しています。今後2年間で、店舗数を５００店以上に増やし、ｅコマースも始める予定です。[39] 会員企業をスターに育て上げ、その果実をしっかり得る。点と点を面にし、１つの生態系を創り上げている。そこが WeWork のオリジナリティです。

今の時代、YouTube にしろ TikTok にしろ、ユーザー参加型はヒットの基本です。それを、WeWork は、コンテンツの世界を超えて、リアルでプロデュースしています。WeWork においては、企業とユーザーという垣根さえなくなりつつあるのです。

リアルとネットを越境し、企業とユーザーの垣根すら超えていく。WeWork は次世代の編集思考を体現した共創プラットフォームと言えるのかもしれません。

図表4-8｜WeWorkの編集思考

セレクト	場所の選び方(GINZA SIXなど) データによる場所選びのダブルチェック キュレーターとしてのコミュニティマネジャー
コネクト	不動産とテクノロジーのかけ合わせ 大企業とスタートアップのかけ合わせ コワーキングを軸とした周辺サービスの横展開
プロモート	クリエーター→スタートアップ→大企業という攻略順(Timeline) 「Do What You Love」という思想(Thought) 一貫性のあるニューマンからのメッセージ
エンゲージ	コミュニティアプリを通じて会員同士がつながる イベント、キャンプなどのカジュアルコミュニケーション ユーザー自身をスターにしてプロモーション

第5章　編集思考の鍛え方

編集思考の3つのリソース

教養、人脈、パワー

「ネットフリックスもディズニーもWeWorkも、セレクト、コネクト、プロモートが素晴らしいことはわかった。でも、なぜ数ある選択肢の中からそれをセレクトし、なぜその方法でコネクトし、なぜその方法でプロモートしようと思ったのかがわからない」

そんな読者の声も、そろそろ聞こえてきそうです。

第2章で私なりの方法論を示しましたが、それでも、「こうすれば絶対うまくいく」という普遍的な計算式があるわけではありません。やはり、編集思考にはアートの部分もあり、一朝一夕に身につくわけではありません（だからこそ価値が高いとも言えます）。あくまで日々の行動の積み重ねが重要なのです。

この章では「どうすれば個人が日々の行動の中で編集思考を鍛えられるのか」をテーマに話を進めていきます。

まず、編集思考の土台となるリソースは3つあります。

それは教養（知のネットワーク）、人脈（人のネットワーク）、パワー（権力と権威のネットワーク）です。この3つの能力が高まれば高まるほど、「セレクト」「コネクト」「プロモート」「エンゲージ」の威力と精度が高まります。

普遍という土台があってこそ、最新の知が活かされる

まずもって教養とは何か。私はこう定義します。

教養＝自然科学の知＋社会科学の知＋人文科学の知

つまりは、「自然」と「社会」と「人間」をどれだけ深く知っているかということです。

自然科学はつねにアップデートされていきますので、最新の知を押さえておく必要があります。

一方、社会科学と人文科学は、新しいものが優れているとは限りません。普遍性が強く、古いもの

の方が応用がききやすかったりします。

言い換えれば、「教養がある」とは「最先端」と「普遍」の引き出しを多く持っている状態とも表現できます。

これからの時代は、かつてないほどに変化率が大きくなります。テクノロジーなど外部環境が大きく変わるだけに、古代からさして変わらない「人間」や「社会」の本質を見つめる必要がありま す。変化の時代だからこそ、逆説的に時代を超えた普遍性が際立つようになるのです。

目の前の事象ばかりに目を奪われ新しい情報に振り回されてしまうと、結局、何も残りません。普遍という土台があってこそ、最新の知は活かされます。みなが新しいものに飛びついているからこそ、一歩立ち止まって、普遍を見つめるべきなのです。


第4章で紹介した映画プロデューサーの川村元気さんは企画を考える際に「普遍性×時代性」の組み合わせをいつも意識するそうです。この視点は、編集思考の基盤となるものです。

歴史や古典や学問的知識やデータを深掘りして、普遍性のストックをとにかく増やす。その上で、時代性をつかむために、心身をフル回転して、今という時代を感じる。この最先端と普遍の往復運動こそが、個の「創出力」を育むのです。

いかに教養が豊かでも、それを実践に活かせなければ絵に描いた餅になってしまいます。教養を現実に活かすための触媒となるのが「人のネットワーク」です。ビジネスでも、人生でも、年齢を重ねれば重ねるほど、人脈がモノを言います。顔は男の履歴書と言われますが、人脈こそ人生の履歴書です。

編集者やプロデューサーに限らず、経営者やビジネスパーソンも、40歳を超えると、その最大の付加価値は「誰を知っているか」「無理を言っても仕事を助けてくれる知り合いがどれくらいいるか」になります。[40]

プロデューサーなら誰をキャスティングできるか、編集者なら誰に取材できるか、本を書いてもらえるか。ビジネスパーソンなら、誰が仕事を手伝ってくれるか。人脈がないと、編集思考でいいアイデアを考えても、形になりません。

スタートアップこそシニアとつながるべき

人脈を築く上での1つのポイントは、世代、業種、文化、性別を超えて、自分と異なる人とのネットワークを大事にすることです。

「新しい時代を知るために若い人と付き合え」という教えはよく見かけますので、ここではあえて年上と付き合うことの魅力についてお話ししましょう。

とくにスタートアップにありがちなのが、同じ世代の若者ばかりで集まってしまい、サービスもビジネスも一定の規模で停滞するパターンです。思考や価値観が似てしまうがゆえに、アーリーアダプター向けのサービスからなかなか脱皮することができません。とくに組織化を進めたり、ビジネスを一気に大きくしたりするには、若いパワーだけでは厳しいところがあるのです。

日本が急速に高齢化している以上、シニア世代の方がビジネスでも政治でも主流となっています。その世代を等身大で理解した人がいないと、どこかで感覚が狂いかねません。


素敵に歳を重ねてきた先人の知恵は偉大です。それは、涸れない泉のようなものです。ただ昔を懐かしむだけの「おっさん」はご免被りたいですが、つねに自らをアップデートし、深い教養を持つ上の世代とは旺盛に付き合ったほうがいい。同じときを過ごすだけで楽しいですし、そして何よりも、かわいがってもらえるので得です。上の世代に理解者を見つけられると立身出世のスピードは一気に速まります。

歴史を見ても、偉人には必ずお目付け役やタニマチがいます。西郷隆盛が出世できたのも、島津斉彬という名君が西郷を見出したからです。大事を成し遂げた人は、大体においてオヤジ殺し、年上殺しなのです。

世の中を変えるためにあえて「権力」にこだわれ

人脈とセットになるのが、パワーです。パワーや権力という言葉を聞くと、古臭く思われるかもしれません。しかし、今後いかにフラットな組織や世の中になっていっても、権力は厳然と存在します。自分のパワーによって動員できるヒト、モノ、カネがなければ、いかにあなたのアイデアが優れていても、日の目を見ることはありません。

パワーの源泉は、権力と権威です。

権力は地位とつながることが多く、強制力を伴います。たとえば社長は人事権を持っているため、社員を異動させたり、給料を決めたりすることができます。

権威は、自発的に自らに従わせる力です。必ずしも地位は関係ありません。たとえ平社員でも権威がある人はいます。

今は、権力や権威を求めるのはカッコ悪いという風潮もありますが、それはナイーブすぎます。インパクトのあることをしたいと思ったら、旺盛に権力や権威を求めなければなりません。権力がないと人間は衰亡します。権力とは生命力。権力こそが、人に若さと緊張感をもたらすのです。

若いときはカウンターカルチャーの側にいてカッコよかった人を、ある年代を境にぱったり見かけなくなったりしませんか。若者として「生意気」が価値になるのはせいぜい40歳までです（今年40歳になった私も、胆に銘じています）。その年齢を超えても、権力や権威に逆らってばかりいては、逆にみすぼらしくなってしまうのです（いい歳をして、反権力ばかりを叫ぶメディア人が子どもっぽく見えてしまうように）。

SNSのフォロワー数こそがこれからの権威だという風潮には一面の正しさがありますが、SNSによって動く世界はほんの一部です。より広い世界、ネットやSNSと紐付かない広大な世界があることを、若い人ほど早めに意識したほうがいいでしょう。

権力や権威があると、自ら決断して、他の人を動かすことができるようになります。決められるということはそれ自体が大きな価値です。

たとえば、あなたがいい企画を考え、ユニークなメンバーを集めても、決裁を得るまでに延々と時間がかかってしまうと、メンバーも疲れてしまいます。たとえ企画が通ったとしても、いろんな妥協を余儀なくされるかもしれません。

企画にも鮮度があります。実現までに時間が経てば経つほど、企画の魅力も、企画者の熱意も冷めてしまいます。企画もできたてほやほやを、うまく調理したモノがもっともおいしい。だからこそ、思い立ったらすぐ企画をスタートできるように、日頃から、教養、人脈、パワーを蓄えておきましょう。

ただただ権力と権威にひれ伏すのはみっともないですが、何か偉大なことを成すために権力と権威を利用するのは、むしろ美しいことなのです。

編集思考は歳を重ねるほど高められる

これら3つの要素に支えられた編集思考は容易には衰えません。むしろ歳を重ねるほど熟していきます。

知性には、大きく分けると、流動性知能と、結晶性知能があります。流動性知能は、新しい環境に適応するために、情報を獲得し、それを処理していく力です。直感力、法則を発見する力、図形の処理能力などが含まれます。研究者のホーンとキャッテルによると、流動性知能は10歳代後半から20歳代前半にピークを迎えた後は低下の一途を辿ります。[41]

対照的に、言語能力、理解力、洞察力、創造力、内省力、自省力、批評能力、コミュニケーション力など、経験の蓄積が活きる結晶性知能は、20歳以降も上昇し、高齢になっても安定しています。この結晶性知能とは、まさに編集思考そのものです。つまり、編集思考を磨き続ければ、歳を重ねても成長し続けることもできるのです。

編集思考を磨く6つの行動

「教養」「人脈」「パワー」。この3つのリソースを土台として、編集思考を磨くにはどうすればいいのでしょうか？　もちろん、遺伝や育ちも影響しますが、後天的な努力によっても鍛え上げることはできます。ここでは、私が考える6つの方法を紹介していきましょう。

行動1：古典を読み込む

教養を積むための方法は、読書、旅、映画、経験、恋愛などさまざまですが、いちばんの王道は、良書を読み込むことです。読書こそ、編集力の足腰を鍛え上げる最強のトレーニング法です。

私は2014年に、自らのスタンフォード大学大学院への留学経験をベースに日米エリートを比較した『米国製エリートは本当にすごいのか？』という本を上梓しました。幸運にも、この本は5

万部を超すベストセラーとなったのですが、当時、多くの方から「結局、この本のタイトルの答えは何なのか？」と聞かれました。

結論から言うと、米国製エリートはすごいところもすごくないところもあります。ただ1つ、圧倒的な日米の差を感じたところがありました。それは「教養」です。いわゆる、リベラルアーツの厚みに彼我の差があるのです。

その原因を突き詰めると、「読書の量と質の差」に行きつきます。大学生時代の読書に天と地の差があるのです。

米国の一流大学では、誰もが「知の1000本ノック」の洗礼を受けます。固い本を大量に読まされ（学部時代の4年間で最低でも500冊）、レポートを大量に書かされ、プレゼンを大量にさせられ、先生やクラスメートと大量に議論させられるのです。

しかも、米国の大学ではダブルメジャー（複数の専攻）が一般的なため、「経済×プログラミング」「演劇×生物学」「哲学×物理学」というふうに、文理の垣根に関係なく、さまざまなかけ合わせが自然と生まれやすいのです。

偉大なイノベーターに多読家が多いのは、決して偶然ではありません。

たとえば、ビル・ゲイツ。彼の毎晩の日課は1時間の読書です。今や書評家としても名を馳せるゲイツは読書についてこう語ります。

「読書は集中してやることが大事。ノンフィクションはとくにそうです。メモを取ると、内容を深く考えながら読めます。自分が賛成できない内容だとメモが大量になって読むのに長い時間がかかります。頼むから僕が賛成できることを書いてくれ！ってイライラしてしまうこともありますよ」

ゲイツは、本を単に情報収集のために読むだけでなく、著者とバーチャルに対話・議論しながら、かみ砕くように読んでいるのです。

本の中でも、とくにお薦めは古典です。教養の柱である「普遍性」を学ぶまたとない教材になります。古典を読むことには、①本質をつかめる②大局観を磨ける③効率がよいという3つのメリットがあります。

今日、日本では年間に約7万9000冊の新刊が発売されています。明らかに粗製乱造状態です。その点、古典は出版されてから現代に至るまで、長きにわたりその価値が評価されており、ハズレはほとんどありません。

古典を選ぶ際は、光文社の古典新訳文庫をお薦めします。古典の翻訳といえば岩波文庫が有名ですが、中にはわかりづらい訳もあり、文字も小さすぎるように感じます。その点、光文社古典新訳文庫は「いま、息をしている言葉で、もういちど古典を」というコンセプトどおり、とても読みやすい。しかも、解説が充実しています。

たとえば、編集思考を磨くために推薦したいのが、光文社古典新訳文庫から出ているアリストテレスの『詩学』。この本は世界最古のコンテンツ指南本です。エッセンスを軽く紹介してみましょう。アリストテレスは、すべての悲劇（すべての物語と言ってもいいでしょう）には6つの構成要素があると言います。

1）ストーリー：出来事の組み立て
2）性格：登場人物の性格
3）語法：韻律を伴ったセリフの組み立て
4）思考：登場人物の言論
5）視覚効果：衣装や舞台装置などの装飾
6）歌曲：歌や音楽の組み立て

このうち、もっとも重要なのがストーリーです。アリストテレスは「ストーリーこそは悲劇の第一原理であり、いわば悲劇の塊である」と言います。つまり、どのようにさまざまな出来事をつなげていくかという「つなげる力」で物語の質が決まるのです。

では、どのように出来事をつなげていくといいのでしょうか。

アリストテレスは、カタルシスをもたらす物語には3つのものが含まれていると言います。それが「受難」「逆転（どんでん返し）」「再認」です。

受難：破滅的であったり、苦痛に満ちていたりする行為。死や病気や事故など
逆転：予想に反する方法で、正反対の方向へ行為の成り行きが変転すること
再認：認知していない状態から、認知へと変転すること。愛情や憎悪への変転

中でも、もっとも優れた再認は、逆転と同時に起きます。その最たる例として、アリストテレスは『オイディプス王』を挙げました。主人公のオイディプスは、自らが実の父（ライオス）を殺し、その後、妻としてめとり、4子を儲けた女性（イオカステ）が実の母であったことを知り、自らの眼を潰す（イオカステは自殺）。この破滅的なストーリーには、逆転と再認が見事に織り交ざっています。

さらにアリストテレスは、素晴らしいストーリーを創るための構成についても、3つの法則を導き出しています。『オイディプス王』はまさにこの法則に当てはまります。

1）不幸から幸福への変転ではなく、幸福から不幸への変転であること
2）不幸の原因が悪徳ではなく、大きな失敗であること
3）不幸になる人物は、善人と悪人の中間に属する、もしくは、劣った人物よりはむしろ優れた人物であること

これらの法則を意識しながら、ストーリーから不合理な要素を排していく。それによってストーリーは強度を増していきます。いいストーリーを創る上で、ロジカルであることは極めて重要なのです。

人でもモノでもストーリーでも、つながりを創り出す際には、最初は直感でもかまいませんが、その後は論理でつながりを練りこんでいく必要があります。いいストーリーを紡ぎ出す編集思考と、ロジカルシンキングは矛盾しません。むしろ最高の友なのです。

「受難」「逆転」「再認」というシンプルで普遍的な「アリストテレスのストーリー法則」とともに、もう1冊紹介したい良書があります。それが、『ドラゴン桜』『宇宙兄弟』などのヒット作を生み出した編集者の佐渡島庸平さんに薦めてもらった『ベストセラーコード』です。

『ベストセラーコード』は、ベストセラーに共通する法則を、数千のデータとアルゴリズムを使って解き明かした最新科学のたまものです。

その結論はシンプル。売れる小説には次のような共通点がありました（あくまで米国での話なので、日本では事情が異なるはずです）。

・本の3分の1は自分がよく知っている得意なトピックを扱い、残り3分の2を別のトピックに費やす
・最初の3分の1に含めるトピックは1つか2つに集中。売れない作家ほど、多くのトピックを詰め込む
・ベストセラーにもっともよくみられるテーマは「親密な人間関係」。登場人物の心の交流に焦点をあてたもの
・上位に来る他のテーマは、家庭、仕事、子どもの学校生活、最新テクノロジー。セックスや暴力などは受けにくい
・物語の基本は3章構成。設定、対立、解決という均整のとれたプロットラインが読者をひきつける
・日常で使われる言葉を使う。売れる文体を持つ筆者は、ジャーナリズムや広告分野の出身者が多い

こうした仮説をベースにすると、80％の確率で売れるか売れないかを予測できると言います（ちなみに、ヒット確率100％が出たのは、映画にもなったテクノスリラー小説『ザ・サークル』だそうです）。

『詩学』によって人類が積み重ねてきたストーリーづくりの叡智を知り、『ベストセラーコード』によって最新科学を使ったストーリーづくりの方程式を知る。時代性と普遍性をかけ合わせること

が、読書においてもカギを握るのです。

古典ではなく現代の本を選ぶときは、信頼する人の推薦（私にとっては先ほどの佐渡島さんがまさにそうです）と、自身の勘を頼りにするのがベストです。

装丁デザインを眺めて、著者の経歴、「はじめに」、「おわりに」を読めば大体外れることはありません。装丁デザインを見れば著者と編集者のセンスがわかり、経歴を見れば著者の実績がわかり、「はじめに」と「おわりに」を読めば、著者の熱意と教養がわかります。本は雄弁ですので、著者の本質をさらけ出します。

ちなみに、私は楠木建さんと鹿島茂さんの書評が好きです。お2人とも教養人で目が肥えているため、頼れる水先案内人になります。書評などを通じて、自分が好きな著者を見つけたら、その著者の本をとにかく読み漁ってみてください。人付き合いと同じで、惚れた相手がいたら惚れ抜いて、とことんのめり込めばいいのです。

行動2：歴史を血肉とする

歴史はネタの宝庫です。歴史を血肉としているかどうかで、引き出しの数が変わってきます。

以前、新日本プロレスを買収し話題となったブシロード創業者の木谷高明さんと、イベントでご一緒したことがあります。その頃、シンガポールに住んでいた木谷さんに「シンガポールは、コンテンツ産業も強くなってきているのですか？　日本は勝てないのでしょうか」と聞いたところ、こんな答えが返ってきました。

「いや、シンガポールにはいいコンテンツがなくて、外から買っています。なぜかと言うと、シンガポールには歴史がないからです。歴史とはストーリーそのもの。歴史がない国ではコンテンツを創るのが大変なのです」

テクノロジー・サイエンスなどの分野とは異なり、コンテンツでは文化や歴史の蓄積がモノを言います。歴史と文化にあふれる日本は、コンテンツ分野でもポテンシャルが大きいのです。

歴史に乏しいのは、シンガポールだけではありません。東南アジアは若い国々が多く、同じくアメリカも歴史は長くありません。米国では未来を描いたＳＦが多いですが、それは米国の歴史が浅いことの裏返しでもあります。

中国は3000年の長い歴史を持ちますが、王朝が変わるたびに、過去の歴史を上書きしていくリセット型の国です。表現の自由に制限もあるため、歴史のストックを活かして、自由に表現するのは容易ではありません。

その意味でも、歴史と表現の自由がある日本は有利です。だからこそ、ストーリーの源泉である日本の歴史をぜひ学んでほしいのです。歴史は、編集思考の基礎筋力ですから。

歴史を学ぶのは、経営にも役立ちます。

企業や経済、社会をアップデートするには、海外の最先端の事例に学ぶことも大切ですが、それ以上に、過去を真摯に振り返ることが必須です。企業は、自社の歴史を深く見つめながら、ビジョン、アイデンティティー、強みを確認し、新時代に向けて自らを再定義しなければなりません。近年、(ニューズピックスが典型ですが)イノベーターというと、スティーブ・ジョブズやジェフ・ベゾスなど海外の例ばかり取り上げられますが、世界に冠たるイノベーションを起こしてきた、明治、大正、昭和の偉大なる日本人イノベーターから学ぶことはたくさんあります。しかし、そうした先人の叡智は、現代にほとんど引き継がれていません。

私は大学生に講演する際はいつも、松下幸之助、本田宗一郎、盛田昭夫、井深大の写真を見せ「この人たちが誰だかわかりますか」と質問してみるのですが、正答率は「ほぼゼロ」です。

本田宗一郎の写真を見せて、松下幸之助と言われたときには思わず苦笑しました。松下幸之助の名前を知っていればまだいい方で、名前すら知らない学生が多数派です。そうした無知は、学生の責任というより、歴史をしっかり次世代につないでこなかったわれわれ大人、自戒も込めて言えば、メディアの責任だと思います。

私が若い人たちと話していて違和感を持つのは、今と未来しか見ていない人が多いことです。社会は進歩していくものであり、過去より今がいいとなんとなく思い込んでいます。その前提は、物質的、技術的には正しいのかもしれませんが、文化面では必ずしも正しくありません。とくに平成の時代は、日本は文化的に冴えなかったと私は感じています。

令和を迎えた今こそ、先輩イノベーターたちに学ぶ絶好のチャンスです。

たとえば、小林一三は、怪物級のイノベーターです。彼は、阪急電鉄、宝塚歌劇団、阪急百貨店、東宝、阪急ブレーブス、第一ホテル、昭和肥料（後の昭和電工）を創り、東京電燈（後の東京電力）を再建し、さらに商工大臣をも務めました。

鹿島茂著『小林一三 – 日本が生んだ偉大なる経営イノベーター』を読むと、鉄道、住宅、小売、エンタメ、エネルギー、アートなど、あらゆる分野で日本を進化させたそのスケールの大きさと現代への示唆の多さに驚きます。

小林一三はほんの一例です。私は福澤諭吉にメディアづくりを日々学んでいますが、あらゆるビジネスパーソンは、師匠と仰げるイノベーターを日本の歴史から見つけることができるでしょう。「シリコンバレーや中国ではこれが流行っているよ」といった話に加えて、「こんな苦難にぶつかったとき、盛田昭夫はこう立ち向かったそうだよ」といった会話も自然と行われる。そんな古今東西の実践知を蓄えた人間になることから、編集思考は始まります。

文芸評論家の福田和也さんの言葉に「水平思考」と「垂直思考」というものがあります。垂直思考とは過去の延長線上に現在をとらえる、時代をつなぐ思考法です。反対に、水平思考は次の世代のことを考えず自分の人生を最大化しようとする、近視眼的な思考のことを言います。

時代を超える垂直思考の復活は、現代の日本の大きなテーマです。垂直思考がもっと強ければ、日本はここまで財政赤字を積み上げ、現世利益のために生きることはなかったはずです。1100兆円を超える莫大な財政赤字は、日本人の刹那的な心性を表しています。

「自分がかわいいのが人間なのだから、やむを得ないものだ」という意見もあるかもしれませんが、それは人間を見くびりすぎだと感じます。江戸時代をはじめ、いつの時代も、次の世代を思いながら生きてきた日本人がいたことは、歴史を学べばすぐにわかります。

編集思考の「つなげる」には、時間を超えてつなげるという意味もあります。過去のものを今につなぎ、さらに未来につなげる。「縦割り」ではなく「縦軸」の「つなげる」です。過去から続いてきた伝統を次世代につなげるのも、編集思考の大切な役割です。

縦軸の「つなげる」を意識するときに大事なのは、自分が持っているバトンは誰かからもらったものであること、いずれそれを誰かに渡すときが来ることをイメージすること。

それによって、どんなプロジェクトでも歴史的な意味合いを意識しながらぶれずに進められるようになるはずです。

行動3：二分法を超克する

戦後間もない頃ほどではないにしろ、今も日本は西洋が大好きです。正確に言えば、憧れとコンプレックスを織り交ぜた複雑な感情を抱いています。他の文明や思想を敬うのはいいことですが、それは、自らの思想の立脚点があってこそです。自分が空っぽなまま、外に答えを求めると、単なる猿真似になってしまいます。深く根を張れなくなるのです。

なぜ明治の日本は、世界が驚嘆するスピードで西洋化を成し遂げることができたのでしょうか。それは、西洋化しても自らを失わないだけの東洋的な蓄積があったからだと思います。1万を超える寺子屋を基盤とした高い識字率にしろ、儒教の教えにしろ、浮世絵などの元禄文化にしろ、その根っこには深く強い教養があったのです。

それを体現するのが、福澤諭吉です。福澤を筆頭に、当時の日本人のエリートは、漢学と洋学、つまりは、西洋と東洋の双方を知悉していました。西洋流と東洋流に、日本の伝統をからめながら、3つを編集することができたのです（福澤は蘭学も学んでいました）。

『福澤諭吉のサイアンス』の中で、著者の永田守男は福澤の精神的成長を次の6ステップに要約しています。

1）幼少からの手工品の工作を通じた自然法則への親しみ
2）漢学の修養
3）医学、物理学、蘭語と英語の習得
4）米欧の視察による西洋事情の理解と啓蒙
5）経済学の講義
6）西洋倫理学の勉強と著作

見事に、「自然科学×社会科学×人文科学」「西洋×東洋」のかけ合わせを実践しています。この福澤の学習遍歴は、現代においても多くの示唆を与えてくれます。

現代日本では、東洋の学問が廃れてしまいました。さらに、日本の歴史や伝統を知り、日本とは何かを考える習慣も薄れています。

かつ、西洋の理解も心もとない。翻訳された知識はあふれているものの、英語に弱いため、その理解は上滑りしているところがあります。つまりは、明治時代に3つの柱とした「西洋」「東洋」「日本」のどれもが揺らいでいるのです。

そもそも、編集思考的な「つなげる」という行為は、東洋の考え方と相性がいいものです。物事を論理的に二分し対立させるのは、一神教にもとづく西洋的な考え方と符合します。多神教で、物事を二項対立でとらえない日本人の方が、融通無碍《ゆうずうむげ》（考え方や行動がとらわれておらず、自由）な「つなげる」に向いています。禅を専門とし、世界的な名声を得た鈴木大拙《だいせつ》は西洋と東洋の違いをこう記しています。

西洋思想：二分法、論理的、理性的、抽象的、言葉、外交的、父性愛、対立、哲学、一般化
東洋思想：未分法、直観的、感情的、具体的、体験、内向的、母性愛、包容、詩、個別化

発言を一部引用しましょう。

「西洋ではモノが二つに分かれてからを基礎として考え進む。東洋はその反対で、二つの分かれぬ

さきから踏み出す。〈中略〉二つに分かれてくると、相対の世界、対抗の世界、争いの世界、力の世界などというものが次から次へと起こってくる。西洋に科学や哲学が、東洋にまさって発達し、したがって技術の面にも、法律的組織の面にも、著しい進捗を見るのは、いずれも個に対して異常な好奇心を持っているからである。東洋はこの点において大いに学ばねばならぬ」[42]

西洋の思想は科学技術の進歩や組織化を生む原動力になりました。それは今のシリコンバレーなどにおけるＡＩ技術の進化にもつながっています。この領域で、日本は大敗しています。一方で、二分法の思想は、個人の自由や創造力を抑えつけてしまうところがあると鈴木は喝破します。

「西洋は数がもとになるから、まず主客の両観から始まって、次から次へと分化してゆく。自然、力の世界が西洋的なるものの基盤になる。科学の発達から、技術の精確さ、巧緻さに至るまで、東洋よりは、ずっと進んでいる。それから組織を立てることが西洋の得意とするところである。したがって人間も機械の一部になり、組織の中に鎔けこんでゆく。ほんとうの自由もなくなり、本来の創造力も減殺されがちである。これが西洋今日の悩みである。神経病になって、何かといらいらするようになるのも、やむをえぬ」[43]

この本が書かれたのは１９６３年ですが、昨今、シリコンバレーにおけるマインドフルネスブームを見ると、西洋の悩みは今も不変のように思えます。

鈴木は、東洋思想では、二分法の前の世界に注目すると言います。

「われわれ東洋人の心理は、知性発生以前、論理万能主義以前の所に向かって、その根を下ろし、その幹を培うことになった。〈中略〉主客あるいは明暗未分以前の光景を、東洋最初の思想家である老子の言葉を借りると、『恍惚』である。荘子はこれを『混沌』と言っている」[44]

二分化させず、混沌とした状態を包摂するのが、東洋的な考えの強みです。編集思考に大事なのもこうした思想であり、「いろんな人やモノが集まって、なんだかよくわからないけれど、おもしろそう」という感覚を大事にすべきです。西洋的思考では、なぜあれとあれをつなげるか、論理的に説明しなくては成立しづらいのですが、東洋であれば、なんとなく感覚的に理解されやすい。あらゆるものを心の声に従って自由自在につなげていく自由、それを謳歌できるのが東洋的な考え方だと鈴木は説きます。

「自由とか、自在とかいう文字はもともと東洋から出たものである。自由とは西洋でいうリバティまたはフリーダムのように、制約のからんでいるものではない。まったく人惑を受けない自己の心の底からひとりでにわき出る意識である。これから見てもほんとうの自由は、もともと東洋に発達したもので、西洋にはなかったのである。明治のはじめの学者にはこの区別をつける眼がなかったのだ。ほんとうの自由は東洋にある」[45]

自由の本質を知るためにも、われわれは今一度「東洋的な自由とは何か」を問うべきです。

われわれは西洋思想をあがめて、東洋思想を十分にかみ砕いてこなかった部分があります。しかし、東洋も西洋にも優劣はありません。それぞれの強みと弱みを認識し、融通無碍に取り込んでいけばいいのです。

これからの時代において、二分法を超えて包摂していく東洋的な思想はますます輝きを増していくでしょう。西洋社会でも、二分法を超克しようという動きが芽生えています。だからこそ、ロジカルシンキングや西洋的な思想を存分に学びつつも、足元の東洋思想を見つめ直すべきなのです。

行動4：アウェーに遠征する

移動すればするほど、人はクリエイティブになれます。それを誰よりも実証しているのが、葛飾北斎です。

彼は90年の生涯の中で3万点もの作品を残していますが、実に93回も引っ越しています。しかも、当時ではタブーであった流派の移動も頻繁に行い、異なるスタイルを習得していきました。雅号（名前）も30回も変えるなど、自分のアイデンティティー、売り出し方も変えていったのです。住む場所を変え、働く場所を変え、旅する場所も変えていく。そうして移動していくだけで、日々、新たな引き出しが増えていきます。

移動の中でも効果てきめんなのはアウェーへの遠征です。普段とは違う場所、自分がマイノリティになる場所に行くと、神経が鋭敏になります。

とくにお薦めなのは、地元を出ることと、日本を出ることです。私自身、自分のいちばんの糧となったのは、大学進学のために故郷の福岡を出て、東京で1人暮らしをしたことでした。

東京で生まれて、偏差値の高い中高一貫校で育って、いい大学に行き、大企業に入る。そんな人生を歩んできた人は、どうしても東京中心思考が染みついてしまいます。東京だけで育つと、地方のことが肌感覚でわかりません。そういう人こそ、東京の外に出て価値観を広げたほうがいい。地方と東京と海外、最低でも3つの視点から物事を見ることは、編集思考をパワーアップするために欠かせません。

海外はとにかくヒントの宝庫です。とくに、ビジネス面では二大大国である米国と中国のトレンドはつねにウォッチしておくべきです。

ニトリの似鳥昭雄会長は、世界のビジネストレンドを読むために40代の頃から毎年、年に2回は米国に行って、現地視察しているそうです。

「米国の現状を見れば、日本の10年から15年くらい先がおおよそ見えてきます。米国で起こっていることは一旦丸飲みし、真似てみて活かせるものは活かし、そうでないものは捨てていく。とにかく、半年おきぐらいの間隔で米国へ毎年行って、肌でその変化、潮流を感じることが大事です」46

ビジネスの新しい種を探すには、世界からネタを探してこないといけません。しかも、平成までの日本は、なんでもかんでも「アメリカが1番」だという考えが染みついていましたが、令和の時代は、世界の引き出しをもっとバラエティ豊かにしていく必要があります。

ビジネスパーソンであれば、中国は必須科目です。10倍の人口が毎日トライ&エラーしている国から、参考になる例が出てこないわけがありません。日本ではメディアの中国報道（とくに経済）が貧弱なため、中国の進化に気づくのが遅れてしまいました。世界に置いていかれないためにも、自ら貪欲に中国の情報を取りに行ったほうがいいでしょう。

デザインでは、北欧など欧州に注目です。最近では、アムステルダムがおもしろく、そのライフスタイルは未来を先取りしています。

海外に行かずとも、普段の生活にもアウェーはあります。

私が最近、アウェー感を強烈に感じたのは、経済同友会の懇談パーティーです。経済同友会は錚々《そうそう》たる企業のトップが集まる場なのですが、今年から若手のノミネートメンバーとして私も参加できることになりました。ただし、会員の中で、30〜40代のメンバーは1割もいません。数百人はいようかというメンバーの中心は60代。父親と同じくらいの年齢の方も多い中で、所在なくウロウロしてしまいました。日本で味わう久しぶりのアウェー感でした。

ただ、その場に立ち会って、たくさんのチャンスが見えてきました。上の世代の中でも、若い発想が欲しい、若い人を活かしたいと本気で思っている人は多くいます。しかしながら、若い人が萎縮したり、異世代がフラットに交ざり合う場がないため、世代間の融合が起きにくくなっているのです。だからこそ、自分が率先して世代の融合をプロデュースしていこうと思えました。これも、アウェーに身を置いたから生まれてきた発想に他なりません。

ここ数年、東京の中には大きく分けて2つのカルチャーがあると強く感じています。1つは「西海岸」。渋谷や六本木など、ITやスタートアップが強く、若者に人気があるエリアです。一方の「東海岸」は、丸の内や大手町や霞が関など、どちらかというと、エスタブリッシュメントな人たちがいる場所です。

私は新卒で東洋経済新報社という東海岸の会社に入り、10年間働いた後、西海岸のカルチャーが強いニューズピックスで5年在籍していますが、この両文化の分断を日々痛感しています。この西海岸と東海岸がつながらない限り、日本のビジネス界はおもしろくならず、新しいイノベーションも生まれてきません。逆にお互いが交ざり合うと、摩擦は起きるでしょうが、そこから新しい何かが生まれるはずです。

行動5：聞く力を磨く

編集思考を鍛えるためにもっとも大事なのは、聞き上手になることです。聞き上手になれば、いろんな人の力を引き出すことができます。

私は過去10年、イベントの聞き手役、番組のMC役、会議のファシリテーター役などモデレーター的な仕事をおそらく1000回以上は務めてきました。その結果、身に染みてわかったのは、モデレーターほど需給ギャップのある仕事はないということです。モデレーター的な仕事が求められる機会はどんどん増えているのに、それをうまくこなせる人がほとんどいません。これからの時代、モデレーターほど稼げる仕事はないでしょう。

モデレーターのメリットは何か？　それは、まさに編集思考をフル活用できるということです。モデレーターとは編集者同様「偉大なる素人」であることを武器にする仕事ですので、自分が専門的な知識がない分野でも、相手のいいところをつないで、新しい価値を生むことができます。

相手のいいところを引き出すために欠かせないのが、聞くスキルと質問するスキルです。

編集思考の材料は、自分の中よりも他人の中にこそ眠っています。それをつなげながら、人が意識していない芽を見つけ出せるかが腕の見せ所です。そのためにも、インタビューのスキル、聞くスキルがモノを言うのです。

ここからは、私がこれまでの経験の中で学んだ「聞き上手になるための6つのコツ」を共有させてください。

コツ1：3分の1の法則

モデレーターとして求められるのは、場のさまざまなニーズをうまくかぎ取り、アドリブを駆使してできるだけ多くの人たちを満足させることです。

そのときに意識しているのは「3分の1の法則」です。自分の聞きたいことを3分の1、相手が話したそうなことを3分の1、観客や視聴者が聞きたそうなことを3分の1、このバランスをリアルタイムで調整しながら場を組み立てます。

モデレーターとして、自分の聞きたいことばかり聞いて、自分だけ満足するのはいただけません。他者への感度の鈍いモデレーターの場合、自分がしゃべりすぎて終わりということもよくあります。

一方、相手が話したいことだけを聞くのは、自分の力がこもりませんし、観客が置いてきぼりになってしまいます。かといって、観客や視聴者を喜ばすことばかり考えると、自分も相手もいまいち熱狂できず、カタルシスが得られません。当事者が興奮しないトークは、その低い熱が視聴者に伝わってしまいます。

だからこそ、この3つのステークホルダーを満足させられるように、3分の1ずつを意識してトークを編集していくのです。

そのための「指揮棒」になるのが質問です。指揮棒は、会話の場における交通標識のようなもの。ゲストがあまりに自分の話に熱狂していたら、あえて質問で水を差します。自分の聞きたいことを聞いたり、視聴者の聞きたいことにガラッと話題を変えたり、会場に振ったりしながら、バランスを調整していくのです。

コツ2：人は話すほど相手を信頼しやすくなる

まず知るべきは、人はとにかくしゃべるのが好きだということです。無口でインタビュアー泣かせの話者もいますが、少数です。9割以上の人たちは、自分が話すことにエクスタシーを感じます。しゃべることは人間の最大の快楽の1つなのです。

私は会食に行くと、質問に終止して人の話を聞いてばかりいるので、「私ばかり話してすいませんでした」と会食後に恐縮されることがあります。しかし、それぐらいでいいのです。人は、深く自分を開示した相手を信頼してくれやすくなります。とくに、普段聞かれたことのないような質問をしたり、深いフィードバックを与えてくれたりしたときはなおさらです。

相手に聞かれたときだけ話して、それ以外は相手の話に耳を傾ける。もし、自分が話すことを望まれているようであればいくらでも話すけれども、基本は聞くモードに徹する。それが編集思考のポイントです。相手が話してくれればくれるほど、いいところや特徴が見えてきて、「どこをうまくつなげてあげればいいか」が見えてくるのです。

しゃべりたくてたまらないという人間の性をいちばん知っているのは、銀座のホステスのみなさんかもしれません。1時間座って話を聞いてもらうだけで、10万円ぐらい飛ぶクラブもザラにあります。

なぜそれほど男はお金を払うのでしょうか？　そう思い、銀座で毎年1億円を使う、銀座の「帝王」の方に質問したことがあります。その答えは、「男はとにかく寂しいからだよ」でした（その方は誰よりも楽しそうに見えましたが）。

クラブに通う醍醐味は、恋愛の駆け引きや下心もあるでしょうが、それだけでは飽きてしまいます。話を聞いてもらって、いい相槌やおしゃべりができて、互いに通じ合うというのは人間にとって最高の快楽です。人間はそもそもわかりあえない生き物だからこそ、わかりあえたという〝錯覚〟が得られたときにカタルシスを感じるのです。

コツ3：よく調べるが、調べすぎない

自分のことに興味を持ってもらい、嫌な顔をする人はほぼいません。人は自分のことを知ってもらえば嬉しいものです。

私も取材される立場になったり、会いたいと言われることもあったりしますが、「よく私を理解しているなあ」「痛いところを突いてくるなあ」と思う質問に出合うのはまれです。30回に1回くらいでしょうか。一応、プロの聞き手であるメディアの人間でもそうですから、普通の人ならなおさらです。逆に言うと、相手についてしっかり調べるだけで、特別な存在になることができるのです。

しかし、とにかく調べまくればいいかというと、そういうわけでもありません。

ちょうど昨年こんなことがありました。楽天の三木谷さんに、FCバルセロナの本拠地で独占インタビューをできることになり（メッシにも会うことができました）、2泊3日の弾丸ツアーでバルセロナに飛びました。三木谷さんにいい質問をしようと意気込み、著作やインタビュー記事を読み込みました。

準備万端で行った60分ほどのインタビューは滑らかに進んだのですが、自分の中ではどうも納得のいかない出来になりました。事前情報を詰め込みすぎてしまい、聞きたいポイントが多くなりすぎて、何がテーマかいまいちよくわからない、総花的なインタビューになってしまったのです。

少し上級者向けのアドバイスになりますが、相手のリサーチも、腹七分目がちょうどいい。少し知らない余白があるぐらいの方が、ワクワク感が高まるのです。

コツ４：不意打ちで「素」を引き出す

信頼関係が深い者同士であれば、沈黙はまったく問題ありません。むしろ、関係が成熟している証とも言えます。ただ、初対面やあまり親しくない仲の場合は、とにかく沈黙を作らないこと、トークを途切らせないことが大切です。沈黙は、興味がないこと、退屈していることを暗示するため、ムードが沈滞します。これは会食だけでなく、取材でも、イベントでのモデレーターでも同じです。

ときには柔らかい質問、ときには鋭い質問というふうに、矢継ぎ早に質問をたたみかけることにより「あなたにこれだけ興味がありますよ」ということが伝わり、自然と相手のトークにも熱がこもってきます。

そのためにも、質問が途切れぬよう相手のことを調べておくことが肝要です。そして、「この返事がきたらこう切り返そう」とシミュレーションをして、反射神経を鍛えておいたほうがいいでしょう。いくら準備をしても、最後に頼りになるのはアドリブ力です。

トークや質問が流れ通りに進んで弛緩してしまったときには、あえて不意打ちの質問をするのも有効です。起承転結の「転」を意識して、いきなりプライベートの質問をしたり、あえて失礼な発言をしたりして流れを転換させると、場に緊張感が生まれます。人間は、不意打ちの質問をされたときにこそ「素」が出るもの。不意打ちは本音を引き出すための伝家の宝刀です。

コツ5：「位置エネルギー」をコントロールする

人間は一緒に笑うことによって、一体感を感じる生き物です。パネルディスカッションの前半には、少し笑いが出るような質問、つっこみ、ユーモアなどを意識して入れていくといいでしょう。笑いが出ると、登壇者もリラックスして話を進めやすくなります。

私がイベントで質問役としてご一緒して、さすがだなあと思ったのは、作家の北方謙三さんです。大御所なのに、いばったところがまるでない。ハードボイルドなのに、雰囲気が柔らかい。ユーモアにあふれていて、笑いがどっかんどっかん起きます。その姿勢は、酒席でも変わらずに、みなを緊張させません。大物ほど、フレンドリーでユーモアにあふれることが魅力になることを体感しました。

あるとき私は、会議などで、「どうも周りのメンバーから意見が出てこない。私がしゃべってばかりで、私が言う意見に対してもあまり反応がない。もっといいアイデアがあれば、反論してくれたらいいのにな」と不満を抱いていました。

そんなとき信頼する産業医の大室正志さんに相談したところ、「佐々木さんは昔より地位も上がって、有名人になっているでしょう。位置エネルギーが変わっていることを意識して、コミュニケーション方法を変えないと。昔と同じ態度をとっていてはダメですよ」と諭されて、ハッとしました。

私はこれまでと同じように、会議ではみな対等だと思っていたので、「なんで反応がないんだろう。

お互いにフラットに意見を言えばいいのに」と思っていたのですが、とくに新しく入ったメンバーにとっては、私の発言の重みが増していたのです。

理想論を言えばみながフラットに話せるのがベストですが、そんな状況はとくに日本ではなかなか生まれづらいところがあります。であれば、場を支配する立場にある人ほど、自分の「位置エネルギー」を意識して、話しやすい環境を意図的に創り出さないといけません。

日本では、「実るほど頭を垂れる稲穂かな」という言葉がありますが、これは倫理よりも合理性にのっとった金言だと思います。偉くなればなるほど、「位置エネルギー」が大きくなるので、謙虚に優しくしないと周りの人が本音を言ってくれず、裸の王様になってしまいますよ、という警句なのではないでしょうか。

コツ6：悪口を言う

飲み会で誰かや会社の批判をするのは下品だと考える方もいるかもしれませんが、それはちょっとピュアすぎます。悪口は蜜の味。悪口にこそ、その人の価値観が表れるのです。

相手が批判や悪口を言いやすいように、自分から「あの人はああだと思う」「あの企業はあそこがダメだと思う」と普段から思っていることを率直に話してみるのも悪くありません。

人は、悪口が言いたくてたまらない生き物ですから、一旦口火を切ると、本音が吹き出してきます。そうして、同じ悪口を共有したもの同士は、一緒に悪いことをした友達のような気持ちになって、妙な連帯感が生まれます。オフレコでしか言えないような秘密を共有すると、他者との距離がグッと近くなるのです。

悪口を言うのは人間の性。本性を露呈しすぎるのは下品ですが、少しはそうした悪も見せる人の方が、人間らしくて信用できるところがあります。

悪口の内容や、言い方によって、その人の教養が露呈します。悪口を言うには、分析力と人間観察力が試されます。教養ある人の悪口は、それ自体が芸術になっていて、聞いているだけで最高のエンターテイメントになるのです。

これら6つの「聞き上手になるためのコツ」を押さえるだけでも、あなたの聞くスキルは平均点を優に凌駕するはずです。

行動6：毒と冷淡さを持つ

編集思考の基本姿勢は「いいところを探す」「惚れたら惚れ抜く」ですが、それはもみ手で迎合するという意味ではありません。編集思考とは、鋭く批評する思考でもあります。惚れた相手に対しては、その長所を伸ばすためにも、決定的な弱点をつぶすためにも、意見は率直に伝えなければなりません。

とくに今の時代、職場ではパワハラの懸念もあるため、なかなか本音のフィードバックをしにくいところがあります。それだけに、真摯なフィードバックの価値がよりいっそう上がっています。ときに傷つくこともありますが、フィードバックを受け入れる勇気と素直さがない人は、いつまで経っても自分の殻を破れません。

もしあなたが、伝統的な日本企業のマネジャーとしてあらゆる人をまとめる立場であれば、各人に応じて接し方を調整する「歩み寄り型のアプローチ」が正しいかもしれません。

しかし、編集思考は、閉鎖的な縦割り組織を生き抜くためのものではなく、あくまでそれぞれが個として旺盛に生きるためのものです。組織の論理にとらわれない単刀直入なフィードバックは、自分が惚れ抜いた人を試すテストであり、精神的なタフさを鍛えるトレーニングだと思ってください。編集思考に迎合や忖度は不要です。身近な人のアドバイスさえ咀嚼できない人は、どの分野でも一流になれないからです。

編集思考とは、優しい先生のように、みなを底上げしようとするものではありません。それ自体は尊いことですが、役割が異なります。編集とは、才能ある原石を磨き上げていくための真剣勝負であり、ある種、毒気を含んだものです。いい編集者ほど、ときには冷酷なスナイパーのように人を切り裂いていきます。

編集思考を要する仕事の典型が、投資家です。その対象は、企業から、不動産から、アートから、人までさまざまです。ベンチャーキャピタリストは、将来化ける起業家を見抜くプロであり、作家などクリエーターの目利きをする編集者と近しいところがあります。

いい投資家の特徴は、損切りがうまいことです。このプロジェクトや企業や人に将来性がないと判断したら、そこでスパッとあきらめる。惚れ抜いた人にはとことん情熱を注入し、ある程度長い目で見ていきながらも、限界を感じたら深入りしない。自分の時間やリソースに限界がある以上、関われる人の数にも上限があります。

私自身、ずけずけと意見を言い、バサバサと判断していくため、淡白で薄情だと言われることもよくあるのですが、すべて自覚してやっています。たとえ人間関係にヒビが入ったとしても、いいアウトプットにつながればそれでよしですし、真剣にぶつかりあって決裂するのであれば、本望だと思っているからです。

編集思考の大前提として、みなに好かれることは不要です。嫌われてもいい。冷淡でもいい。人付き合いにも、あえてポートフォリオを組むのです。

しかし、因果はめぐります。ときに冷たい刃が自分にも跳ね返ってくることも、自らが誰かに見切られる側になることもある。そうした、切った張ったの緊張感から、セレクトの眼が磨かれていくのです。

私自身、サイコパスだの人でなしだの情に薄いだの色々と言われますが、ほとんど気にしていません（だから、サイコパスと言われるのでしょうが）。

「智に働けば角が立つ、情に棹させば流される。意地を通せば窮屈だ、とかく人の世は住みにくい」とは漱石もうまく言ったものです。私は編集思考を発揮するには、智や情よりも、おもしろさを重んじるべきだと思っています。とにかくおもしろいと思ったら、薄情と思われても断行する。それによって、たとえ目の前の人に嫌われても、あなたがワクワクして、世のため人のためになると思えば、迷わず突き進めばいいのです。

こんなことを言う私は、きっとろくな死に方をしないでしょう。私は、友達が少ないほうなのですが、寂しくはありません。そもそも友達を作るために生きているわけでもありません。編集思考に秀でるには、タイプにもよりますが、それぐらいの病的な「孤独力」が必要なのです。孤独力があれば、自分をメタに見ることができて、自己愛に溺れることも嫉妬にかられることもなくなります。

自己愛のマネジメントができるかどうかは、運命の分かれ道になります。嫉妬をしない人間などいません。ただ、自分が嫉妬しているかどうかに自覚的であることが重要です。嫉妬から解放された上で率直なフィードバックをすれば、器の大きい人ほど、それを受け入れて成長しますし、あなたの心強い味方になってくれます。そうした濃密な関係を築ければ、あなたに対しても正直なフィードバックをくれて、あなた自身が新しい自分を見つけやすくなります。

そんな、「毒」を含みながらもわかりあえる関係の他者をどれだけ持てるか。それがあなたの人生の豊かさとおもしろさを決めるのです。

第6章　日本を編集する

編集思考は、誰かのために使うもの

自分のために動けるのはせいぜい30代まで

本書の最後に、私が編集思考を使って変えていきたいと思ういちばんの対象、日本という国について語らせてください。

この本では、編集思考を磨いて、新しい事業を創り、自らの運命を切り開いていくための方法を述べてきました。編集思考があれば、個人がより豊かな人生を生き、楽しい仕事をすることができるというのが1つのメッセージです。

しかし、今までの話をすべてひっくり返すようですが、人間が自分のためだけに生きていくことができるというのは幻想だとも思っています。自分のキャリアに邁進できたり、自分の人生を充実させるためにばかり行動できるのはせいぜい30代まで。それ以降の人生は、生きるのではなく、生かされる。選ぶのではなく、選ばされる。知るのではなく、知らされる。そんな境地に達するのだなと、自ら40歳を迎えて感じます。

私が40歳の誕生日に父から送られた森信三氏の言葉にこうありました。

「人間の天分というものは、自分本位の立場でこれを発揮しようとする程度では十分なことはできない。自分を超えたある何物かに自己を捧げるという気持ちがなければならない」

編集思考の究極の姿は、自らを天の中に位置づけ、自分をもコマとして差配することです。メタな視点から自分を眺めて、自分の活かし方を考える。そこで意識すべきは、自分を超えた利益です。それはチームの利益であり、組織の利益であり、日本の利益であり、パブリックな利益です。自己利益に恋々とする人は、サステナビリティがなく早晩破綻してしまいます。

たとえば、このプロジェクトは自分よりも適任がいる、その人の方が日本のためになる、となれば、すっと自分は引いてプロデュースに徹する（プロデュースの任にもそぐわなければ、それすらも辞退する）。一方、自分が適任と思ったら、強引にでもそのポジションをとりにいく。そんなふうに自分すらも突き放してみる。

「ユーモア」は、自分を相対化して、その状況を笑うことから生まれるものです。その意味において、編集思考を磨くためにも、ユーモアのセンスは欠かせません。

編集思考を極めた人とは、誰よりも公共の利益のために生き、ユーモアにあふれた人なのです。

グローバルな時代に、あえて日本にこだわる

私は色々と考え抜いた上で、「日本のために生きるのが自分の天分だ」と達観し、迷いが晴れました。そして、日本のために力を尽くすことが、結果的に世界にもつながるのだと確信するようになりました。日本を自分の軸にしながら、ときにコンテンツを編集し、ときに事業を編集し、ときに空間を編集し、ときにコミュニティを編集し、ときに社会制度そのものを編集する。そんな形で自分の力を少しでも活かせればと思っています。

今の時代に「日本、日本」というのは、ちょっと面はゆいところがあります。もっと世界を目指せ、というのが世間の流れかもしれません。しかし、世界を目指すにしろ、ホームグラウンドが不可欠です。日本というアイデンティティーの軸がしっかりしていればいるほど、より外に打って出る勇気と活力がみなぎってくるのだと思うのです。

私がやりたいのは、編集思考を、日本の文化・経済・企業・人々のポテンシャルを輝かせるために活かすことです。日本の知力を高めたい。クリエーターたちが力を存分に発揮できる場とビジネスモデルを創りたい。日本そのもののプロデューサーとして、少しでも日本に貢献したい。それが私の偽らざる思いです。

日本の「経済×テクノロジー×文化」のポテンシャルは高い

第1章で、これからの時代は「経済×テクノロジー×文化」の組み合わせがカギを握ると記しましたが、世界の国々の中で、そのポテンシャルをいちばん秘めているのは日本、とくに東京と京都と九州だと思います。

落ち目とはいえ、日本は未だ世界第3位の経済大国です。しかも東京に限って言えば、都市としてのGDPは今なお世界トップです。

テクノロジーの面で言えば、ソフトウェアでは米国に完全に敗北し、AIでも米中に伍するのはまず無理でしょう。しかし、ロボット領域が典型ですが、「ハードウェア×ソフトウェア」のかけ合わせには日本にも多くのチャンスがあります。自動運転、無人コンビニなどが代表例です。他に部品産業も有望です。今なお部品の領域では、村田製作所、ソニーなどの日本企業が世界のトップを走っています。

コンテンツに代表される文化産業はどうでしょうか。

クールジャパンは掛け声のみが先行し死屍累々ですが、日本のコンテンツ・文化には地力が十二分にあります。近年でも、片付けのカリスマであるこんまり(近藤麻理恵)さんが全米でスマッシュヒットを飛ばしています。戦略さえあれば、そのポテンシャルが花開く可能性は十分にあるのです。

コンテンツ力の源泉となるのは歴史の長さと濃さです。これだけの歴史を持ち、西洋と東洋の狭間にあり、文化の奥行きがある国はそうそうありません。この文化の力を、世界的には高水準の経済やテクノロジーと組み合わせることによって、世界の中心となるアジアで活かしていけばいいのです。

アジアでのライバルは、中国、シンガポール、韓国。このうち、中国は長い歴史を持ちますが、言論の自由が乏しいため、コンテンツ産業の潜在力が十分に発揮される土壌がありません。シンガポールは歴史が短く、かつ言論の自由度が低いため、こちらも競争力に限りがあります。日本に先行している韓国は最大のライバルとなりますが、韓国と違う形で日本らしさを出して差別化できるのではないでしょうか。

今の日本には、大所高所から日本と世界を俯瞰し、文明史的な観点も含めながら、ビジョンや大戦略を構想できる人がほとんどいません。そんな中、数少ないビジョナリーが鬼籍に入ってしまいました。堺屋太一さんです。

堺屋さんは絶筆となった著作『団塊の後　三度目の日本』の中で、これから三度目の日本が始まると予測しています。

一度目の日本は1868年の幕末から敗戦まで。二度目の日本は敗戦から平成まで。そして20

20年代に三度目の日本が始まる、始めないといけないという強いメッセージを送っています。堺屋さんの時代認識は、私が自著『日本3・0』で述べたことと重なっており、強く共感したことを覚えています。

では、三度目の日本とはどんな日本なのでしょうか？

堺屋さんの答えは「楽しい日本」です。一度目の日本が「強い日本」、二度目の日本が「豊かな日本」だったのに対して、「楽しみを正義にしよう」と提唱しています。

多様な楽しみのある社会、早く仕事を終わらせて、職場から帰って楽しいことをしようと思える社会、運頼みの娯楽でなく、上達する楽しみがある社会、AI・ロボットなどの第4次産業革命を、人類の思考を深め、楽しみを広げるために活かせる社会。そんな日本を実現するためにも、官僚主導社会、官僚とマスメディアが一体化した連合体を止めることが第一条件であると述べています。

私の見立てでは、「楽しい日本」は社会の縦割りを打破することから始まります。閉塞感あふれる日本ですが、経済でも、文化でも、テクノロジーでも、素晴らしい素材にあふれています。素材はもうすでにあるのです。あとはそれらを縦横無尽に編集していけばいいのです。

「では、佐々木さん、具体的にあなたは何にチャレンジするのですか？　偉そうに能書きを垂れるだけでなく、実践者として編集思考をどう使っていくのですか？」

そんな読者の方からの声が、今にも聞こえてきそうです。

そこで、これから私がニューズピックスで日本の何をつなげ、編集していきたいと思っているかを披露して、本書の締めとさせてください。

編集思考は批判ではなく行動、実践のためのもの。ここに挙げる「7つの方針」は、私の行動指針でもあります。この7つの領域で縦割りが崩れ横串でつながれたとき、日本はもっとおもしろい国になっているはずです。

ニューズピックスがこれから編集する7つの領域

1つ目に編集したいのは、「西海岸」と「東海岸」です。

ITやスタートアップが集う西海岸（渋谷、六本木など）と、金融、製造業、官公庁などが集う東海岸（丸の内、大手町、霞が関）。両者の距離は、徐々に近づきつつありますが、まだ断絶があります。

この溝を埋めて、大企業×スタートアップで新事業が次々と生まれて、人も両海岸を行き交う。そんな風土を創れるように、私自身も両海岸を往来するつもりです。今年4月からは、経済同友会の若手のノミネートメンバーに選んでもらい、政治改革委員会の副委員長も務めることになりました。ぜひ経済、政治、文化のあらゆる面で、東西を混ぜていきたいと思います。

2つ目は、「老い」と「若き」です。

不毛な世代間対立はもう終わりにしないといけません。自分の利益だけを考えて、変革を阻止する人たちには、「さよなら」しなければいけませんが、年齢に関係なく、向上心、挑戦心、公共心あふれる方は多くいます。

知恵と経験と権力を持つ50代以上の世代と、行動力と勢いとアイデアを持つ40代以下の世代。この「古きもの」と「新しきもの」をうまくつなげれば、日本にはまだまだ伸びしろがあります。各世代の有為な人材を発掘して、つなげていく。異世代がフラットに交ざり合い、世代を超えた融合が生まれる場と機会を創る。それが私の責務だと思っています。

3つ目は、「男性」と「女性」です。

時代の流れは、ジェンダーレス。今後は、男性と女性を分けることなく、性別を意識せずに生きられる社会に変えていこうという機運が高まるはずですし、そうした流れには、中長期的には賛成です。

しかし、人間はそう簡単には変われません。当面は、男性と女性の違いを所与としながらも、互いの理解をどう深めていくかが焦点となるはずです。男性が＃ＭｅＴｏｏを恐れて萎縮するのでもなく、女性が男性のマウンティングに辟易して嫌悪感を抱くのでもなく、みながフラットかつオープンに関係を築ける土壌をどう耕すことができるのか。それが大事なポイントになります。

そのためにも、人々がポリティカルコレクトネスに過度におびえることなく、誠実に正直に、リアリスティックに話せる場を創っていきたいと思っています。

4つ目は、「リアル」と「バーチャル」です。

異なる価値観を持つ者が少しでも理解を深め合うためには、やはりリアルなコミュニケーションが欠かせません。ネットの利便性をとことん活かしながらも、顔を合わせて話せる場を創ることが、今こそ求められています。今はネットもリアルも、似た者ばかりが集まりタコツボ化してしまっています。かつて福澤諭吉が、官民学が集う社交場・交詢社を創り、そこから幾多の新事業が生まれたように、現代版の交詢社のような場をぜひプロデュースしていきたいと思っています。

5つ目は、「地方」と「東京」です。

私も東京生活が20年に達し、最近、地方の感覚が薄れてきました。エセ九州人、エセ東京人になってしまい、どこにも地盤がないフワッとした個人になってきている気がします。

私に限らず、とくに東京だけで育ってきた人には、地方のことが肌感覚でわからない人がたくさんいます。

地方は多様です。東京の外にある、自然、文化、人、企業などを発掘して、つないで、日本や世界に見せていく。積極的に東京の外に出て、東京と地方の各地と世界をつなげていく。そのためにも、現地の風に触れる時間をこれまでよりも増やしていこうと思っています。

6つ目は、日本と海外、とくにアジアです。

アジアと日本をつなぐ価値は年々高まっています。日本のメディアが欧米の中心に入り込み、その本質をとらえるのは難易度が高い。しかし、共有するものが相対的に多いアジアであれば、日本のメディアにもできることがたくさんあるはずです。アジア発の深い情報を増やし、アジア内でヒト・モノ・コトを編集し新たな価値を生み出すこと。それが、業界を問わず、これからの日本にとっての大きなテーマになります。

最後は、本書で何度も述べた「経済」と「文化」と「テクノロジー」です。「経済を、もっとおもしろく」「日本を、もっとおもしろく」。そのためにカギを握るのは、この3要素の融合です。

過去の日本には、経済と文化とテクノロジーのすべてをつないだイノベーターがいました。その「横綱」が、阪急阪神東宝グループの創始者である小林一三です。

小林は学生時代には小説家でした。その後銀行家を経て、阪急鉄道を開拓し（当時の鉄道は、まちとまちをつなぐリアル版のインターネットのようなもので、まさにテクノロジーのど真ん中でした）、その後今日にも引き継がれる文化の巨塔である宝塚歌劇団、東宝（名前の由来は東京宝塚）、消費文化の担い手として阪急百貨店、阪急不動産を生み出しました。球場を提供するなど、夏の甲子園の創設に尽力したのも小林です。

彼は、鉄道の周りに住宅地を創ることによって、鉄道客を増やしていくという卓抜なビジネスモデルを生み出しましたが、そのヒントとなったのは、欧米流の田園都市構想です。米国のような郊外住宅を持ち、そこで文化的な生活をする。その文化を担うものとして宝塚歌劇団を生み、レジャーとして甲子園を生み、そして、消費文化を豊かにするための百貨店を加えていきました。彼自身、小説だけでなく茶や俳句を愛した文化人でもあります。

ビジネスパーソンが、テクノロジーや経済に精通するだけでなく、自然と文化を語り、文化を愛し、文化にお金を投じ、経済とテクノロジーと相互に折り合いながら循環させていく。そんな、かつての日本にあった生態系を、これから再構築していきたいと思っています。

とくにカギを握るのが、「経済×文化」の結晶であるコンテンツです。日本のコンテンツやコンテンツクリエーターは、そのポテンシャルを十分に発揮する場を与えられていません。縦割りや古いシステムの中で、才能が押さえつけられてしまっています。

自由に、フェアに、カッコよくコンテンツクリエーターが働ける。1億円プレイヤーが続々登場する。コンテンツクリエーターを目指す若者がどんどん増える。そんな〝クリエーター黄金時代〟を日本でも創るために、自らの編集思考を発揮できれば本望です。

福澤諭吉のような「時代精神」を創る

これからの自分の生き方、ニューズピックスのあり方を考える上で、私が心の師匠にしているのが福澤諭吉です。福沢諭吉というと、『学問のすすめ』や慶應義塾大学の創設で有名ですが、彼の3大事業は、大学以外に2つあります。

1つ目がメディアです。彼は1882年に、特定政党に寄らない不偏不党のメディアとして、時事新報を創設。わずか数年で、部数をトップに引き上げました（現在は産経新聞社に吸収されています）。

彼がまず挑んだのは、新たなビジネスモデルの創出でした。自らコピーライティングや広告原稿を手掛けながら、広告ビジネスを開拓。日本の新聞として初めて、新聞の第1面と最終ページを全面広告として提供するなど、広告産業の父の1人となりました。

それ以外にも、ロイターとの契約、時事漫画、天気予報などによりコンテンツを充実させるとともに、最新の輪転機、カラー印刷など最先端のテクノロジーを貪欲に採用しました。さらには、マラソン大会、音楽会、美人コンテストなど興行にも進出。女性ジャーナリストを積極登用し、メディア界に新風を吹き込みました。福澤はまさに、「経済×テクノロジー×文化」を融合させた先駆者だったのです。

2つ目は、コミュニティの創設です。1880年、銀座に交詢社という社交場を創り、創設時から1700名ものメンバーを集めて、政官財学のニューリーダーたちをつなげていきました（交詢社は現在も銀座のバーニーズニューヨークが入っているビルに入居しています）。しかも、東京のみにとどまることなく、北は函館から南は長崎まで会員ネットワークを広げていきました。

交詢社のコンセプトは「知識交換　世務諮詢《せむしじゅん》」。つまりは、「各人が互いの知識を交換し合って、流動する社会の実務に対処する機会を提供しよう」ということです。

この交詢社の人と知のネットワークから、新たな事業も誕生しました。保険です。福澤は保険の概念を日本に紹介した保険ビジネスのパイオニアでもあります。

1881年に明治生命（現在の明治安田生命）を立ち上げた阿部泰蔵は、交詢社の創業メンバーでした。交詢社は単なるコミュニティではなく、新しい思想や人脈や事業を生み出す、インキュベーションのハブだったのです。

私は慶應大学の出身ですが、学生時代には、福澤諭吉にまったく興味がありませんでした。『学問のすすめ』というベストセラーを出し、大学を1つ作ったくらいで、なぜお札の肖像にまでなっているのだろうと不思議に思っていたほどです。

しかし、29歳の留学中に彼の偉大さを思い知りました。「日本とは何か」を考え抜くにあたり、『文明論之概略』などの福澤の著作に触れ、精読していく中で、福澤が日本の歴史に燦然と輝く理由を得心したのです。

福澤は、慶應（大学）、交詢社（コミュニティ）、時事新報（メディア）というトライアングルを通じて、新しい日本の時代精神を創り出しました。卓越した編集思考で近代日本を生み出した、不世出のスーパープロデューサーなのです。

過去5年、ニューズピックスはメディアとして成長を遂げました。ニュースの記事やコメントを中心としながらも、ウェブの記事だけではなく、動画、雑誌、フリーペーパー、本、イベント、音声と、多様なメディアをつなげてきました。もちろん今後も、メディアとしての進化を続けますが、メディアだけでは、日本を変えることはできません。これからは、メディアの枠を超えたチャレンジも仕掛けたいと思っています。

メディアを軸としながらも、そこに学び（学校）という軸と、コミュニティ（社交場）という軸を加えて、ニューズピックス流のトライアングルを創っていく。いわば、福澤諭吉トライアングルの令和版を創出していきます。

そして、そのトライアングルの中で、ヒト・モノ・コト・カネがぐるぐる回り、新時代をリードする人材、事業、思想、発明、コンテンツが次々と生まれていく。時代精神が更新されていく。そんなエコシステムをプロデュースすることこそが、私の目標です。

２０２０年以降、私もニューズピックスも、守りを固めつつも、これまで以上に攻めまくりますので、ぜひご期待ください。２０２０年代のあり方次第で、日本がこのまま衰退するのか、新たな上昇気流を描くのか、その命運が決まります。日本のプロデューサーとして、「おもしろい日本」づくりに貢献する。その天命のために、40代という脂の乗った10年を精一杯生きたいと思います。

おわりに——編集思考は「好き」から始まる

ここまで編集思考をどう身につけるか、どう活かすかについて語ってきました。しかし、そもそも、「編集したい」というモチベーションの源となるのは何なのでしょうか?

それは、個人の「熱い思い」です。好きだという愛です。よくわからないけど、ワクワクする。ビビッと来る。好きという熱情があってこそ、人やモノやコトのいいところが見えてきて、どことどうつなげるかという直感が生まれてきます。だからこそ、編集思考を存分に発揮するためにも、とことん自分の好きなことにこだわってください。

私が、ゴールデンウィークを潰してまでこの本を書き上げたのはとにかく本が好きだからです。

私の人生は本で創られたと言っても過言ではありません。

少年時代から本を読み漁り、高校時代には本屋でアルバイトをして、大学の4年間はまさに本三昧。社会人になってからも暇があれば本屋に通い、留学時代には図書館に通い詰めました。人生の節目節目において、つねに本が隣にいてくれました。

私自身が、本への並々ならぬ愛に気づいたのは就職活動のときです。一度は金融業界に進むことを決めたのですが、インターンをしてみるとどうも性に合わず、就職浪人となることを決断。学生でも、社会人でもない、空白の半年間を過ごしました。その半年間、かつてないほど本に没頭し、「人生とは何か」「仕事とは何か」「自分とは何か」を頭が擦り切れるほど考えました。

そして行きついたのが、「そんなに本が好きなら、本の仕事をすればいいのではないか」という単純な結論だったのです。そうして私は「本をライフワークにする」と決めました。

2年目の就職活動では出版社を受け、志望理由に「歴史に残るような本を創りたい」と記したことを今もよく覚えています。その後、運よく東洋経済新報社に拾ってもらったのですが、自身に与えられたのは経済記者の仕事でした。

それから約15年間、メディアの世界に身を置いていますが、ついぞ今日まで、本に仕事として直接関わることはありませんでした。筆者としては3冊の本を書く機会に恵まれましたが、「歴史に残るような本を創りたい」という思いは今なお果たせぬままです。

本に対しては個人的な思いがあるだけでなく、社会の発展のためにも、極めて重要だと思っています。本こそが、社会の知的レベルを引き上げるとともに、自由と創造性にあふれる民主主義社会の土台になると思っているからです。

ソーシャルゲームのようなくだらないものを使う時間から1人でも多くの方が解放され、本を読む人が増えてほしい（私は口が悪いとよく言われますが、好きなことに没頭すると同時に、嫌いなものも明言することから編集思考が研ぎ澄まされると思っています）。もしくは、本を通じて、対話が増え、新しい温かいコミュニティが生まれてほしい。そう願っているからです。

そんな思いから、今回、ニューズピックスの中に出版事業を立ち上げることを決意しました。この本はその創刊の1冊目でもあります。伝統あるものと新しいものをつなげる、という編集思考から考えれば、長い歴史を持ちながら近年は不況が叫ばれる出版にも、まだ可能性があると信じています。長らく日本の知を支えてきた「本の生態系」を、時代に合ったものに進化させ、編集し直すことこそが、人生の恩師であり、よき友人であり、恋人でもある本への私なりの恩返しです。

新レーベルを立ち上げるにあたり、ニューズピックスパブリッシングの編集長となった井上慎平さん、副編集長の富川直泰さん、ニューズピックスアカデミア編集長の野村高文さんと話し合ったのは、どうすれば出版業界の生態系を再編集できるかということでした。「単にいい作品を創るだけでは生態系は変わらない。流通や販売も含めたプロセス自体を編集しないといけない」。それが全メンバーに共通する問題意識です。

もちろん、本づくりにも徹底的にこだわります。ただ、いかに立派な本を創れても、それがうまく読者のみなさんに届かないと宝の持ち腐れになってしまいますし、単に本を〝売り切る〟だけでは、読者のみなさんと深く長い信頼関係を築けません。

では、本づくりに加えて何をすればいいのだろうか？　どうすれば出版界の持続可能なビジネスモデルを生み出せるのだろうか――その問いを編集思考にもとづいて整理してみましょう。

まず「セレクト」という観点からは、「売れるかどうか」だけを基準に著者を選ぶのではなく、社会全体のクリティカルな課題を見抜くユニークな「課題設定」とその先に描く「ビジョン」、そして実現のための具体的な「ソリューション」を兼ね備えた著者のみを選びます。

そして、「コネクト」という観点からは本だけに閉じずに、記事、映像、イベント、コミュニティなど、あらゆるメディアと場を使って、著者を育成していきます。

「プロモート」については、読者コミュニティを巻き込んでいきます。我々の核となるコミュニティは、ニューズピックスアカデミアの会員のみなさんです。会員のみなさんに対して、発売日前に書籍を送ったり、読書会を開いたり、事前に未完成の原稿を配布して意見をもらったりしながら、本の魅力を世間に伝えていくつもりです（本書も上辻利尚さん、植松康太さん、大島慶己さん、筧哲一さん、片岡辰哉さん、澤田千佳さん、澤本俊平さん、竹内樹さん、松尾沙織さんに編集段階からフィードバックをいただきました。ありがとうございます）。

そして、最後が「エンゲージ」。ここが肝です。「本を創って、売って終わり」という今の売り切りビジネスを、著者と出版社と読者が、長くて深い関係を持てるモデルに変えていきます。ブッククラブや読書会などを通じて、本をサービスとして楽しめる場を創っていきます。

われわれの中でも「新しい本の生態系づくり」はまだまだ手探りな状態です。もし「私はこう思う」「こんなものがあればいいな」などのアイデアがあれば、ぜひ「#編集思考」のハッシュタグとともにTwitterで共有してください。積極的に私もチェックしますので、議論を交わしましょう。

私は本と書店に恩があります。編集思考によって、本の世界をもっとおもしろくする。日本をもっと知的な国にしていく。それを私の公約として筆を置き、早速、仕事にとりかかりたいと思います。

2019年6月3日　不惑を迎えた誕生日に　佐々木紀彦

注釈

1 ハーバート・ノーマン『ハーバート・ノーマン全集第二巻』大窪愿二編訳、岩波書店、１９８９年、p.345。
2 垰野尭『ソニーはどうして成功したか』ロングセラーズ、２００１年、p.30。
3 前掲書、p.25。
4 中根千枝『タテ社会の人間関係』講談社現代新書、１９６７年、p.47。
5 前掲書、p.152。
6 「村上隆（下）『クールジャパンはアホすぎる』」東洋経済オンライン、２０１２年12月7日（https://toyokeizai.net/articles/-/12029）。
7 ニューヨークタイムズの改革については、NewsPicks MOOC「デジタルメディアグロースハック論（https://newspicks.com/academia/moocs/31）」で解説しています。
8 川島蓉子「経営トップが磨く〝勘と感〟」第41回「ピエール・エルメはなぜ異色コラボに注力？ 携帯電話やクルマも」日経クロストレンド、２０１９年5月10日（https://xtrend.nikkei.com/atcl/contents/pointofview/00001/00045/）。
9 塩野七生『男たちへ』文春文庫、１９９３年、p.340。
10 「マーケティングの王道を外す、新しい小売のカタチ」NewsPicks、２０１８年3月19日（https://newspicks.com/news/2889053/）。
11 井深大『わが友本田宗一郎』ゴマブックス、２０１５年、p.25。
12 Spencer Harrison, Arne Carlsen, Miha Škerlavaj, "Marvel's Blockbuster Machine", *Harvard Business Review*, July-August 2019.(https://hbr.org/2019/07/marvels-blockbuster-machine)
13 「【出木場久征】買収後のＣＥＯは、全体を見て『任せる』」NewsPicks、２０１７年３月２日（https://newspicks.com/news/2085548/）。
14 「【出木場久征】Indeed買収の際に意識した『統合をしないＰＭＩ』」NewsPicks、２０１７年３月１日（https://newspicks.com/news/2085547/）。
15 「リクルート流、事業を成功させる人間の見分け方」NewsPicks、２０１７年11月28日（https://newspicks.com/news/2641023/）。
16 「バズるための『３つの条件』」NewsPicks、２０１７年8月16日（https://newspicks.com/news/2421549/）。
17 原研哉「Visualize the philosophy of MUJI」（https://www.muji.com/jp/flagship/huaihai755/archive/hara.html）。
18 映画『ソーシャル・ネットワーク』の劇場パンフレット掲載のインタビューより。

19 平野啓一郎『私とは何か』講談社現代新書、２０１２年、まえがき。

20 総務省「平成29年度　主な無線局免許人の電波利用料負担額」(https://www.tele.soumu.go.jp/j/sys/fees/account/change/h29_futangaku/index.htm)。

21 読売新聞「読売新聞のメディアデータ」(https://adv.yomiuri.co.jp/mediadata/)。

22 Kenneth Li, Helen Coster, "New York Times CEO warns publishers ahead of Apple news launch", *Reuters*, March 22, 2019. (https://www.reuters.com/article/us-media-new-york-times/new-york-times-ceo-warns-publishers-ahead-of-apple-news-launch-idUSKCN1R22MZ)

23 「０から１を作り出す。NewsPicks誕生秘話　ユーザベース梅田優祐社長」Venture Navi、２０１８年5月11日 (https://venturenavi.dreamincubator.co.jp/articles/interview/2257/)。

24 Yuki Noguchi, "At 'Washington Post,' Tech Is Increasingly Boosting Financial Performance", *NPR*, June 13, 2017. (https://www.npr.org/sections/alltechconsidered/2017/06/13/531099577/at-washington-post-tech-is-increasingly-boosting-financial-performance)

25 「『ニュースを気にしない』ということ：クリス・アンダーソン、『ＷＩＲＥＤ』を語る（上）」ＷＩＲＥＤ、２０１８年11月17日 (https://wired.jp/2018/11/17/chris-anderson-interview1/)。

26 ネットフリックスによる２０１８年2月13日のプレスリリース (https://media.netflix.com/ja/press-releases/netflix-makes-overall-deal-with-prolific-producer-director-ryan-murphy)。

27 Nicole Laporte, KC Ifeanyi, "Why everyone in Hollywood and Silicon Valley is stalking J.J. Abrams", *Fast Company*, April 8, 2019. (https://www.fastcompany.com/90325586/why-everyone-in-hollywood-and-silicon-valley-is-stalking-j-j-abrams)

28 「【ネットフリックスＣＣＯ】「ネットフリックス作品がヒットする秘密を教えよう」（前編）」NewsPicks、２０１６年7月11日 (https://newspicks.com/news/1657971/)。

29 John Koblin, "'Game of Thrones' Changed TV. Let Us Count the Ways.", *The New York Times*, April 5, 2019. (https://www.nytimes.com/2019/04/05/arts/television/game-of-thrones-television.html)

30 パティ・マッコード『ＮＥＴＦＬＩＸの最強人事戦略』櫻井祐子訳、光文社、２０１８年、p.220。

31 前掲書、p.225。

32 ルイス・ブレナン「ネットフリックスが１９０ヵ国に8年で展開できた理由」ハーバード・ビジネス・レビュー、２０１８年11月7日 (https://www.dhbr.net/articles/-/5590)

33 ビル・スコロン『ウォルト・ディズニー伝記』岡田好惠訳、講談社青い鳥文庫、２０１７年、p.149。
34 前掲書、p.134。
35 “Disney CEO Bob Iger Says Spending Billions on Theme Parks Is a No-Brainer”,*Barron's*, January. 9, 2019.(https://www.barrons.com/articles/disney-theme-parks-bob-iger-interview-51546974398)
36 Richard Feloni, Alyson Shontell, “WeWork's CEO explains why he thinks his $47 billion company is recession-proof and how he keeps his ego in check as a young billionaire”, *Business Insider*, May 15, 2019. (https://www.businessinsider.com/wework-ceo-adam-neumann-business-model-softbank-ipo-risks-2019-5)
37 「【直撃】スタバでは味わえない、最高の『仕事空間』はこう生まれた」NewsPicks、２０１７年８月３日（https://newspicks.com/news/2400454/）。
38 Yuliya Chernova, “WeWork Is Launching a Venture Fund for the ‘Future of Work’ ”, *The Wall Street Journal*, September. 20, 2018.（https://www.wsj.com/articles/wework-is-launching-a-venture-fund-for-the-future-of-work-1537474210）
39 「WeWork、今度は『リテール事業』に進出：コミュニティの特性をフル活用」ＤＩＧＩＤＡＹ、２０１８年10月17日（https://digiday.jp/brands/wework-building-retail-brand/）。
40 このテーマの深い話は『ポスト平成のキャリア戦略』（塩野誠・佐々木紀彦著、ニューズピックスブック／幻冬舎）をご参照ください。塩野誠さんのアドバイスが参考になります。
41 西田裕紀子「高齢期における知能の加齢変化」健康長寿ネット、２０１６年11月４日（https://www.tyojyu.or.jp/net/topics/tokushu/koureisha-shinri/shinri-chinouhenka.html）。
42 鈴木大拙『東洋的な見方』角川ソフィア文庫、２０１７年、p.92-93。
43 前掲書、p.101。
44 前掲書　p.179。
45 前掲書、p.165。
46 「ニトリが不況を経るにつれ成長した理由、似鳥昭雄会長に聞く」週刊ポスト、２０１９年５月12日（https://www.news-postseven.com/archives/20190512_1366233.html/4）。

著者プロフィール

佐々木紀彦（ささき・のりひこ）

NewsPicks Studios CEO

1979年福岡県生まれ。慶應義塾大学総合政策学部卒業、スタンフォード大学大学院で修士号取得（国際政治経済専攻）。東洋経済新報社で自動車、IT業界などを担当。2012年、「東洋経済オンライン」編集長に就任。リニューアルから4カ月で5301万ページビューを記録し、同サイトをビジネス誌系サイトNo.1に導く。2014年、「NewsPicks」初代編集長に就任。著書に『米国製エリートは本当にすごいのか？』『5年後、メディアは稼げるか』『日本3.0 2020年の人生戦略』がある。

装幀・本文デザイン――加藤賢策（LABORATORIES）
本文DTP――朝日メディアインターナショナル
校正――鷗来堂
編集――井上慎平
営業――岡元小夜
事務――中野薫

異質なモノをかけ合わせ、新たなビジネスを生み出す

編集思考

2019年10月4日　第1刷発行

著者――――佐々木紀彦
発行者―――佐々木紀彦
発行所―――株式会社ニューズピックス
〒106-0032 東京都港区六本木 7-7-7 TRI-SEVEN ROPPONGI 13F
電話 03-4356-8988　※電話でのご注文はお受けしておりません。
FAX 03-4574-6553　FAXあるいは左記のサイトよりお願いいたします。
https://publishing.newspicks.com/
印刷・製本―中央精版印刷株式会社

落丁・乱丁の場合は送料小社負担でお取り替えいたします。小社営業部宛にお送り下さい。
本書の無断複写、複製（コピー）は著作権法上での例外を除き禁じられています。
© Norihiko Sasaki 2019, Printed in Japan
ISBN 978-4-910063-00-3
本書に関するお問い合わせは下記までお願いいたします。
np.publishing@newspicks.com

希望を灯そう。

NEWS PICKS
PUBLISHING

「失われた30年」に、
失われたのは希望でした。

今の暮らしは、悪くない。
ただもう、未来に期待はできない。
そんなうっすらとした無力感が、私たちを覆っています。

なぜか。
前の時代に生まれたシステムや価値観を、今も捨てられずに握りしめているからです。

こんな時代に立ち上がる出版社として、私たちがすべきこと。
それは「既存のシステムの中で勝ち抜くノウハウ」を発信することではありません。
錆《さ》びついたシステムは手放して、新たなシステムを試行する。
限られた椅子を奪い合うのではなく、新たな椅子を作り出す。
そんな姿勢で現実に立ち向かう人たちの言葉を私たちは「希望」と呼び、
その発信源となることをここに宣言します。

もっともらしい分析も、他人事のような評論も、もう聞き飽きました。
この困難な時代に、したたかに希望を実現していくことこそ、最高の娯楽《エンタメ》です。
私たちはそう考える著者や読者のハブとなり、時代にうねりを生み出していきます。

希望の灯を掲げましょう。
1冊の本がその種火となったなら、これほど嬉しいことはありません。

令和元年
NewsPicksパブリッシング 編集長
井上 慎平